J.-A. ROGGE
ED MINHOFF

WM Luhmühlen '82

5. Weltmeisterschaft
der Vielseitigkeitsreiter

5th World Championship
Three-Day Event

5e Championnat du Monde
Concours Complet

C.C.I.O.

von Stern-Verlag
Lüneburg/Germany

von Stern-Verlag
Henning v. Stern
Zeppelinstraße 24
D 2120 Lüneburg
Telefon (0 41 31) 5 50 65

Redaktion:
Just-Andreas Rogge

Fotos:
ED Minhoff

Übersetzungen:
Englisch: Sabine Kisvari
Französisch: Hartwig Saathop

Fotomitarbeiter:
Dirk Rudolph (25 x)
Detlev Heidelberg (11 x)
Bernd v. Hohberg (1 x)
Bärbel Hoffmann (1 x)
Ulrike Minhoff

Herstellung: v. Stern'sche
Buch- und Offsetdruckerei KG

Printed in Germany

ISBN 3-923603-01-0

Titelbild:
Lucinda Green (GBR) Regal Realm

Vorwort

Die 5. Weltmeisterschaft der Vielseitigkeitsreiter ist Vergangenheit. Das mit dieser Dokumentation vorgelegte Material soll noch einmal den Ablauf des Geschehens mit seinen Höhepunkten zusammenfassen.

Luhmühlen 1982 war ein strahlendes Ereignis des internationalen Pferdesports, das haben uns Teilnehmer, Offizielle und Besucher aus dem In- und Ausland immer wieder und unaufgefordert bestätigt. Das haben ebenso die in- und ausländischen Journalisten in Wort und Bild gesagt. Und schließlich haben wir es nicht zuletzt auch selbst empfunden. So dürfen wir getrost ein wenig stolz auf das Gelingen sein.

Luhmühlen 1982 hatte leider aber auch einen tragischen Aspekt, den wir im Nachhinein nicht wegdiskutieren dürfen. Mahnt der unglückselige Unfall von Ernst Baumann uns doch alle an die verantwortungsbewußte Sorgfalt, die jedem abverlangt wird, der sich in irgendeiner Weise mit dem Vielseitigkeitssport befaßt. Nicht von ungefähr stehen daher die Worte von Graf Landsberg anläßlich der Gedenkfeier am Anfang der folgenden Zusammenstellung.

Möge dieses Buch uns die richtig relativierte Erinnerung an die Ereignisse der Weltmeisterschaft der Vielseitigkeitsreiter 1982 in Luhmühlen erhalten. Dann wird es für den an der Veranstaltung mittelbar und unmittelbar beteiligten Leser den gewünschten Sinn erfüllen.

Warendorf, den 20. September 1982

— Dr. Specht —
Geschäftsführer der FN-Abteilung Sport
FN-Beauftragter für die Weltmeisterschaft der Vielseitigkeitsreiter 1982

Preamble

The 5th Three-Day Eventing World Championship is over.

This documentation hopes to recapture the event with all its highlights. That Luhmühlen 1982 was one of the international equestrians most successful meetings was repeatedly confirmed by many participants, officials and visitors from all over the world.

Both national and international reporters and photographers have certainly verified this opinion and we can be at least a little proud of the success.

Unfortunately, there is one tragic aspect of the Championship which we cannot disregard.

Ernst Baumann's fatal accident lingers as a reminder to the extreme care and conscientiousness demanded from everyone involved in Three-Day Eventing.

For this very reason we have chosen the words of Graf Landsberg's memorial speech to introduce the following documentation. Should this book keep our memory of the World Championship 1982 at Luhmühlen in its right perspective, then it will have fulfilled its purpose for all readers, directly or indirectly involved in the event.

Warendorf, September 20th 1982

— Dr. Specht —
Secretary of the department Sport
of the German Equestrian Federation
Federation's delegate for the
World Championship 1982

Avant-propos

Le 5e Championnat du Monde du Concours Complet fait partie du passé maintenant. Cette documentation doit encore une fois résumer les points culminants de cette compétition.

Le concours complet de Luhmühlen a été un événement brillant du sport équestre international. C'est ce que les participants, les officiels et les visiteurs de l'étranger et de notre pays nous ont confirmé spontanément. C'est aussi ce que les journalistes étrangers et allemands ont publié par le texte et l'image. Nous sommes un peu fiers de cette réussite.

Malheureusement il y avait à Luhmühlen aussi un aspect tragique qu'il faut discuter. L'accident funeste d'Ernst Baumann nous rappelle les soins demandés de chacun qui s'occupe du concours complet de manière ou d'autre. Ce n'est pas par hasard que vous trouvez les mots commémoratifs du comte Landsberg au début de cette documentation.

Que ce livre nous aide à garder un souvenir adéquat à ce championnat de Luhmühlen, en 1982. Ainsi le lecteur qui a suivi directement ou indirectement la compétition y trouvera le sens souhaité des auteurs.

Warendorf, le 20 septembre 1982

— Dr. Specht —
Secrétaire du département «Sport» de
la Fédération Equestre Allemande
Délégué de la Fédération
pour le Championnat du Monde
Concours Complet 1982

Honourable guests

This final event of the World Championship was to begin with a parade of all competitors. This cannot take place because one competitor cannot participate. The teams and the individuals from seventeen nations have therefore taken up position to commemorate with us our Swiss friend Ernst Baumann, who was torn from our midst by a sudden and fatal accident during the cross country course.

We mourn in deepest sympathy with his wife and his relatives; we share the pain of his fellow-riders from all nations, especially that of his team and his federation, have lost in him one of the most experienced three-day eventers. For eight years he has belonged to the national team and with them he was second in last year's European Championship.

We are mourning over the death of Ernst Baumann and we honour him; but we do this without questioning fate, because doing so would be to misunderstand his destiny in life.

Should we now look for the guilty party or even condemn three-day eventing, under the impression of yesterday's great rides on a course built just as brilliantly and fair, bearing in mind that nearly a quarter of the competitors were women? Shall we begin to judge on this place of tradition, on which, in the course of the years, thousands have completed without so far being fatally injured?

We know that our lives are not just in our hands. But it lies with us to form our own lives and to find true fulfilment. And we are certainly aware that everyday we take risks in many different ways.

Ernst Baumann took the unquestionable risks of three-day eventing with open eyes, and he made this decision because he wanted to create his own personality. He has, perhaps, at the moment of his departure from this earth found total accomplishment of his life's dreams, which we will not be able to grasp nor understand.

We remember Ernst Baumann in thankfulness, for he belonged to us with all his heart. And we surely follow his wish and agree with his point of view, if we now, after these minutes of rememberance, bring back the sunshine, which up to his death, has lit up the Championship days in Luhmühlen. And we also follow his wish, if we now give our spirit to the sport which Ernst Baumann loved so dearly and for which he lived.

GRAF LANDSBERG-VELEN

Mesdames et Messieurs

Cette cérémonie finale du 5e Championnat du Monde Concours Complet devait commencer avec une parade de tous les concurrents. Elle n'aura pas lieu car un des participants ne peut plus y prendre part.C'est la raison pour laquelle les équipes et les cavaliers individuels de 17 nations se sont mis en formation pour évoquer ensemble la mémoire de notre ami Ernst Baumann qu' un sort tragique nous a enlevé par suite d' une chute fatale pendant le cross.

Nous sommes en deuil . . . Un sentiment profond nous relie à son épouse et aux siens; nous partageons la douleur de ses camarades de tous les pays, mais en particulier, de son équipe et de sa Fédération qui ont perdu en sa personne un des cavaliers de Concours Complet le plus expérimenté de leur pays, un homme qui appartient depuis 8 ans au cadre national et qui a été vice-champion d'Europe avec son équipe l'année dernière.

Nous sommes en deuil et voulons évoquer la mémoire du mort qui a été victime d' un accident; mais sans accuser le sort car ainsi nous ne ferions pas justice au genre de vie d' Ernst Baumann.

Nous faut-il maintenant chercher des coupables ou même accuser notre sport sous l'impression récente des chevauchées magnifiques, montrées hier dans un parcours de cross de première classe où, parmi les participants, il y avait un quart de cavalières? Voulons-nous commencer à juger en voyant ce parcours plein de tradition sur lequel des milliers ont pris le départ sans accidents mortels jusqu'à maintenant?

Nous savons que notre vie n'est pas seulement entre nos mains. Mais c'est à nous de la former et de chercher son sens véritable.

Et nous avons certainement conscience du fait que nous y courons chaque jour des risques multiples — pas seulement sur les routes.

En toute conscience de cause, Ernst Baumann a pris les risques incontestables du Concours Complet car c'était pour lui un moyen de se développer et de former sa personnalité; car il a peut-être trouvé hier, au moment du départ de ce monde, la réalisation de sa vie que nous ne pouvons ni saisir ni comprendre.

Nous évoquons la mémoire d' Ernst Baumann avec reconnaissance car il était l' un des nôtres de tout son cœur. Et sûrement nous respectons son vœu et surtout son esprit si nous allons rechercher après ces minutes commémoratives le soleil qui — jusqu' à sa mort — a brillé tous ces jours sur le championnat à Luhmühlen; si — après notre dernier hommage commun — nous cédons maintenant la place au sport qu' Ernst Baumann a tant aimé et pour lequel il a vécu.

GRAF LANDSBERG-VELEN

Ernst Baumann †

Verehrte Anwesende!

Diese Schlußveranstaltung des Weltchampionats der Vielseitigkeitsreiter sollte mit einer Parade aller Teilnehmer beginnen. Sie findet nicht statt, denn ein Teilnehmer konnte nicht mehr mitreiten. Darum haben die Equipen und Einzelreiter aus 17 Nationen Aufstellung genommen, um mit uns gemeinsam unseres Freundes aus der Schweiz, Ernst Baumann, zu gedenken, den gestern ein unglücklicher Sturz beim Geländeritt aus unserer Mitte gerissen hat.

Wir trauern um ihn in tiefem Mitempfinden mit seiner Frau und seinen Angehörigen; wir teilen den Schmerz seiner Reiterkameraden aus allen Ländern, besonders aber seiner Equipe und seiner Fédération, die mit ihm einen der erfahrensten Vielseitigkeitsreiter ihres Landes, seit 8 Jahren dem Nationalkader angehörend und mit seiner Mannschaft Vize-Europameister des vergangenen Jahres, verloren haben.

Wir trauern und wollen des Verunglückten gedenken; doch ohne mit dem Schicksal zu hadern, denn wir würden damit dem Lebensinhalt Ernst Baumanns nicht gerecht.

Sollten wir jetzt etwa nach Schuldigen suchen oder gar die Vielseitigkeitsreiterei als mörderisch verdammen, unter dem noch frischen Eindruck der großartigen Ritte gestern auf einem ebenso erstklassig und fair gebauten Geländekurs mit annähernd einem Viertel weiblichen Teilnehmern; wollen wir zu richten beginnen auf einem traditionsreichen Platz, auf dem im Laufe der Jahre bereits Tausende bislang ohne lebensgefährdende Unfälle gestartet sind?

Wir wissen, daß unser Leben nicht allein in unserer Hand liegt. Doch liegt es an uns, es zu gestalten und seine echte Erfüllung zu suchen. Und wir sind uns sicherlich auch bewußt, daß wir dabei fast täglich in vielfacher Weise — nicht nur im Straßenverkehr — Risiken eingehen.

Ernst Baumann ist das gewiß nicht bestreitbare Risiko des Vielseitigkeitssports sehenden Auges und aus freien Stücken eingegangen, weil er damit sich selbst, seine Persönlichkeit gestalten wollte; weil er damit gestern, im Augenblick seines Abschieds von dieser Erde, vielleicht die Erfüllung seines Lebens gefunden hat, die wir Zurückgebliebenen nicht erfassen und nicht nachvollziehen können.

Wir gedenken Ernst Baumanns in Dankbarkeit, denn er gehörte mit seinem ganzen Herzen zu uns. Und wir folgen sicherlich seinem Wunsch und ganz bestimmt seinem Geist, wenn wir nach diesen Minuten des Gedenkens den Sonnenschein zurückholen, der bis zu seinem Tod diese Championatstage in Luhmühlen in jeder Weise erstrahlen ließ; wenn wir nunmehr, nach unserem gemeinsamen letzten Gruß, dem Sport wieder seinen Lebensraum geben, den Ernst Baumann so geliebt und für den er gelebt hat.

GRAF LANDSBERG-VELEN

Zitate — Quotations

Bundespräsident
Professor Dr. Carl Carstens

»Alle, die sich durch vorausgehende Prüfungen für diese Weltmeisterschaft qualifiziert haben, verdienen unseren Respekt. Mögen die Besten gewinnen.«

"We have great respect for all those who qualified in the tests preceding the World Championship. May the best win."

Dieter Graf Landsberg-Velen
Präsident der Deutschen Reiterlichen Vereinigung e.V. (FN)

»Möge es den Teilnehmern von Luhmühlen gelingen, ihren und ihrer Pferde Leistungsstand so darzubieten, wie es Fairneß und Erfahrung erfordert.«

"May the participants of the Luhmühlen event be able to prove their own and their horses capabilities with regard to fairness and experience."

Niedersächsischer Ministerpräsident Dr. Ernst Albrecht

»Anerkennung für die hervorragende Organisationsleistung des Pferdezucht- und Reitvereins Luhmühlen e. V., der auch seinem internationalen Ruf als Zentrum des Militärysports — der Krone der Reiterei — immer wieder gerecht wird.«

"It is with great appreciation that we honour the outstanding performance of the organising committee of the Pferdezucht- und Reitverein Luhmühlen, who always meet their international standard as centre of three-day eventing."

Bürgermeister Heinrich Riedel, Winsen

»Dank und Anerkennung den Züchtern edler Pferde in allen Ländern der Welt.«

"We owe thanks and recognition to the breeders of noble horses from all over the world."

Niedersächsischer Minister
W. Hasselmann

»Eröffnungszeremonien von Weltmeisterschaften haben in unserem Lande Seltenheitswert. — In den ländlichen Gemeinden Niedersachsens steht die Kinderstube der deutschen Reiterei.«

"Opening ceremonies of World Championships are exceptionable events in our county. The cradle of the German Equestrian sport is to be found in the rural communities of Lower Saxony."

K. G. Jagau, 1. Vorsitzender der Pferdezucht und Reitvereins

»Dank für das Vertrauen und stolz auf die Anerkennung, daß wir hier in Luhmühlen im Auftrag der reiterlichen Vereinigung (FN) die 5. Weltmeisterschaft der Vielseitigkeitsreiter durchführen dürfen.«

"We are thankful of the confidence and proud for the privilege being entrusted with the execution of the 5th World Three-Day Event Championship."

WM-Eröffnungsfeier im Winsener Schloßpark
Opening ceremonies of the World Championship at the Winsen castle.

Bronzemedaillengewinner
Helmut Rethemeier mit Frau
Bronzemedallist Helmut Rethemeier
with his wife.

Wie kam die 5. WM nach Luhmühlen?

Über die Vergabe entscheidet grundsätzlich die Einzelplazierung der vorangegangenen Weltmeisterschaft. Nicht erlaubt ist allerdings, daß ein Land zweimal hintereinander eine Weltmeisterschaft der gleichen Disziplin ausrichtet, bzw. daß zwei Championate unterschiedlicher Disziplinen im gleichen Land stattfinden, es sei denn, es lägen keine anderen Bewerbungen vor.

Wie kam es nun zu Luhmühlen? Der US-Amerikaner Bruce Davidson wurde in seinem Heimatland 1978 auf dem Schimmel „Might Tango" Weltmeister. Die USA schieden also für 1982 schon aus. Irland stellte in Lexington den Vizemeister mit John Watson auf „Cambrigde Blue". Bronze ging an den bundesdeutschen Helmut Rethemeier auf „Ladalco". Parallel dazu wurde Gerd Wiltfang 1978 in Aachen auf „Roman" Weltmeister der Springreiter. Irland stellte mit Eddie Macken („Boomerang") wiederum den Silbermedaillengewinner.

Die Bundesrepublik schied für eine WM der Springreiter gemäß Reglement (FEI) aus. Irland hatte damit theoretisch das Recht auf zwei Weltchampionate des Jahres 1982. Aber auch das ist nicht reglementskonform. Auf der „Grünen Insel" hatte man die Qual der Wahl. Man entschied sich für die Springreiter. Somit kam die Bundesrepublik durch den Bronzemedaillengewinn von Helmut Rethemeier mit der Vielseitigkeit erstmals zum Zug.

Auf dem Wege der Ausschreibung wurde nun die deutsche Federation aktiv und suchte einen geeigneten und erfahrenen Ausrichter. Einmütig entschied sich die Deutsche Reiterliche Vereinigung für »Luhmühlen« mit der bewährten und erprobten Mannschaft um Kurt Günter Jagau.

Luhmühlen nominated for the World Championships!

The admittance of carrying out a World Championship is principly decided upon by the individual's placing of the preceding World Championship.

The same nation is not allowed to organise two disciplines of the same kind in succession, nor may they have two Championships of different kinds with the exception of no other candidates applying for it.

Why was it to be Luhmühlen?

The American Bruce Davidson became World Champion at home on his grey "Might Tango". Thus the United States were eliminated for a nomination for 1982. The Irish John Watson on "Cambridge Blue" was second in Lexington. Bronze medallist was the German Helmut Rethemeier on "Ladalco". At that time, in 1978, Gert Wiltfang on "Roman" became World Champion of the show jumpers in Aachen. Irland was second again with their silver medallist Eddie Macken on "Boomerang".

The Federal Republic of Germany was extracted by rules of the F.E.I.

Now, theoratically, Irland had the right to do two World Championships in 1982. But this is also not allowed.

The Irish had to make their choice. They decided on having the show jumpers. Now Germany was next in line, because of their bronze medallist winner Helmut Rethemeier.

The German national federation was now looking for a suitable and experienced organiser by publishing a proclamation.

Unanimously the Deutsche Reiterliche Vereinigung (FN) decided on "Luhmühlen" with its experienced and approved of team of Kurt Günter Jagau.

Karl Overbeck sen.

WM Luhmühlen setzte neue Maßstäbe

Die erste Weltmeisterschaft der Vielseitigkeitsreiter auf deutschem Boden im kleinen Heideort Luhmühlen erwies sich schon bei ihrer Vorbereitung als ein Ereignis der Superlative.

Erfahrungen aus zwei Europameisterschaften kann der rund 200köpfige Funktionsstab, der das Turniergeschehen trägt, ebenso vorweisen, wie die große Hilfsbereitschaft der Behörden, Institutionen, Sponsoren und vor allem der gesamten Bürgerschaft dieses ländlichen Raumes.

1000 Helfer

Rund 1000 Helfer standen an den Wettkampftagen zur Verfügung, um die Ordnung dieser Großveranstaltung und die Versorgung für Zuschauer, Teilnehmer und Pferde zu gewährleisten.

1,8 Millionen Mark Kosten

Die auf 1,8 Mio. Mark Kosten veranschlagte Weltmeisterschaft ist das für einen Veranstalter bisher anspruchsvollste reiterliche Ereignis auf deutschem Boden. Der Pferdezucht- und Reitverein Luhmühlen und sein Vorsitzender Kurt-Günter Jagau konnte jedoch zusammen mit der Deutschen Reiterlichen Vereinigung mit Stolz darauf hinweisen, daß es überhaupt nur dreimal im Rahmen Olympischer Spiele eine größere Zahl teilnehmender Nationen an einem Vielseitigkeitswettbewerb gegeben hat.

Neue Wanderwege

Im Zuge der Vorbereitungen der 5. WM der Vielseitigkeitsreiter gelang es der Luhmühlen-Crew etwas für die Wanderer zu tun. Rund sieben km Wanderwege wurden neu geschaffen. Der eher schwarze Sand auf den Wegen störte. Ein neuer Sandbelag, in der Farbe der Landschaft passend, wurde aufgefahren. Er sorgt nun dafür, daß die Wanderer fast staubfrei die herrliche Umgebung um den Hamberg genießen können.

9000 cbm Erdbewegung

Um an den Zentralhindernissen und auf dem Turnierplatz in Luhmühlen für optimale Zuschauerbedingungen zu sorgen, wurden Erdwälle vergrößert und neu geschaffen. Hierzu mußten rund 9000 cbm Erde bewegt werden.

5000 Tribünenplätze

Für die Teilprüfungen Dressur und Springen der 5. Weltmeisterschaft der Vielseitigkeitsreiter in Luhmühlen wurden reichlich Tribünenplätze vorgesehen. 5000 der Besucher hatten jetzt die Möglichkeit, das Geschehen von einem Tribünenplatz aus verfolgen zu können.

World Championship in Luhmühlen set high standards.

The heath village is preparing for the most pretentious event of this equestrian kind.

Already during the preparations the first world Three-Day Event Championship in Germany in Luhmühlen proved to become an outstanding event.

The experience from two European Championships is proof enough of the 200 people team who organises this event, as well as the eagerness of help from authorities, institutions, sponsors and most of all of the inhabitants of the Luhmühlen district.

1,000 volunteers

Up to 1,000 volunteers were at disposal for the event, to guarantee order and supplies for spectators, participants and horses.

Costs of 1,8 million German Marks

With an estimated sum of 1,8 millionen German Marks the World Championship is demanding the organiser's utmost to become a pretentious equestrian event in Germany.

The "Pferdezucht- und Reitverein Luhmühlen" and its President Kurt Günter Jagau together with the Deutsche Reiterliche Vereinigung (national federation) may proudly point out that only three times ever before, at Olympic Games, had there been a more numerous participation of nations in a three-day event.

Hiker's tracks

In connection with the preparations of the 5th World Three-Day Event Championship the organisers in Luhmühlen also thought of the wanderers. About seven km of tracks were built.

The typical black sand of the paths bothered and was covered up by a more convenient soil. Now all wanderers may fully enjoy their walks in the surroundings of Hamburg.

Shifting of 9,000 cub. metres of soil

Embankments at the main obstacles of the cross and on the show grounds were enlarged and newly built, to create suitable conditions for the spectators. For this about 9,000 cubic metres of soil had to be shifted.

5,000 grandstand seats

For the dressage and jumping competitions of the 5th World Three-Day Event Championship in Luhmühlen sufficient grandstand space had to be planned. 5,000 visitors now had the opportunity to watch the happening from a grandstand seat.

Die DRK-Feldküche
grüsst die Reiter
der Weltmeisterschaft

LUNE
MILCHLAND NIEDERSACHSEN

P
VIERECK III
Viereck IV
M
START
ZIEL A

1

2

3

4

1 Andrzej Orloś (POL)
2 Commandant Maurice Buret (FRA)
3 Jonathan R. Burton (USA)
4 Hans-Peter Putensen, Ernst-August Lührs

Mittwoch, 1. 9. 1982: Zeigen der Geländestrecke
Wednesday, 1st Sept. 1982: Showing of the Course

Rudi mit seinen Enten
Rudi's ducks

Rudi gegen Wespen
Rudi contra wasps

Reiter lobten Geländestrecke

Die Reiter und Offiziellen waren begeistert von der Geländestrecke für die 5. Weltmeisterschaften der Vielseitigkeitsreiter in Luhmühlen. Jack le Goff, Equipe-Chef und Trainer der amerikanischen Mannschaft, äußerte sich gegenüber dem Polen Andrzej Orloś, in Luhmühlen Technischer Delegierter der FEI, geradezu euphorisch: »Die Strecke ist einfach phantastisch!« Die kanadische Reiterin Juliet Bishop-Graham meinte: »Sie ist wunderschön.« Dem Warendorfer WM-Teilnehmer Martin Plewa gefielen vor allem die Ausweichstrecken an den Hindernissen, die auch schwächeren Reitern die Möglichkeit bieten, die Hindernisse ohne Überforderung des Pferdes zu überwinden. Martin Plewa: »Der Kurs ist sehr schön, noch schöner als bei den Europameisterschaften 1975. Aber am besten gefallen mir die sogenannten ›Chickenways‹.«

Riders approve of the cross country

Riders and officials were enthusiastic about the cross country course of the 5th World Three-Day Event Championship in Luhmühlen. Jack le Goff, chef d'equipe and coach of the American team raved about the cross to the technical delegate the Polish Andrzej Orloś: "The course is really phantastic!" The Canadian rider Juliet Bishop-Graham said: "It is gorgeous."

World Championship's participant Martin Plewa (Warendorf) liked the less difficult possibilities at the fences, which give a chance to less experienced riders to jump the obstacles without straining the horses too much. Martin Plewa said: "The course is very good, even better than the European Championship's in 1975. But best, I think, are the 'chicken-ways'."

1

2

3

1/2 Schwedische, dänischer und russische Reiter am Ententeich
swedish, danish and russian riders at the duck's pond

3 David Green (AUS)

1

2

3

1 James Wofford, Michael Plumb, Jack le Goff (USA)
2 Helmut Rethemeier, Dr. B. Springorum, Dietmar Hogrefe
3 Lady Hugh Russell

1

2

1 Kartenstudium - Studying the map
2 Bruce Davidson (USA)

1 Sepp Burger (SUI), Dieter Hesselbach (GER)
2 Gerard Sinnott (IRL), Jessica Harrington (IRL)
3 Schweizer Mannschaft am Euroteich
SUI-team at the Euro pond

1

2

3

ADIA ADIA

Mittwoch, 1. 9. 1982: Verfassungsprüfung
Wednesday, 1st Sept. 1982: Inspection

Nur ein Pferd nicht zugelassen

Nur ein Pferd bestand die Verfassungsprüfung vor dem ersten Wettbewerb der 5. Weltmeisterschaften der Vielseitigkeitsreiter in Luhmühlen nicht. Mirgo von der mexikanischen Amazone Sandra del Castillo wurde wegen Lahmheit nicht zugelassen. Nicht vorgestellt zur Verfassungsprüfung wurden Baron des Schweizer Ernst Baumann und Takar von Horst Karsten (Delmenhorst). Während Baron beim Transport verletzt wurde, wollte Horst Karsten sein Pferd zu dem Zeitpunkt noch nicht wieder einsetzen.

One horse not allowed to start

Only one horse was eliminated after the inspection before the first competition (dressage) of the 5th World Three-Day Event Championship in Luhmühlen. Mirgo, horse of the Mexican Sandra del Castino, had a lame leg.

Baron, of the Swiss Ernst Baumann, and Takar, of Horst Karsten (Delmenhorst) were not presented. Baron got injured during transportation, while Horst Karsten believed Takar not to be strong enough.

Jonathan R. Burton (USA)
Ruprecht v. Butler (GER)

»Aus« — "Out"
Sandra del Castillo (MEX) / Mirgo

1

2

3

1 Dr. Martin Pohlmann (GER)
General a. D. Jonathan R. Burton (USA)
General Ruprecht von Butler (GER)

2 Andrzej Orloś (POL)

3 Dr. Ludwig Niebuhr (GER)

1

2

3

1 Torrance Watkins Fleischmann (USA)
2 Juliet Bishop (CAN)
3 Bruce Davidson (USA)

1

2

1 Mary Hamilton (NZL)/Ben Arthur
2 Wojciech Mickunas (POL)

1

2

1 Virginia Holgate (GBR)/Priceless
2 Richard Meade, Lucinda Green (GBR)

1

2

1 Jose Luis Perez (MEX)
2 o. k. — passed

1

2

3

1 Helmut Rethemeier (GER)/Santiago
2 Herbert Blöcker (GER)/Ladad
3 Dr. Bernd Springorum (GER), Bundestrainer

WM Luhmühlen '82 — ein unvergessenes Erlebnis

Die Entscheidung »Luhmühlen« als Ausrichter der 5. Weltmeisterschaft der Vielseitigkeitsreiter 1982 seitens der Deutschen Reiterlichen Vereinigung zu beauftragen, war einmütig getroffen.

Damit wurde der Startschuß für das wohl größte, perfekteste Abenteuer des Pferdezucht- und Reitvereins Luhmühlen e. V. gegeben.

Der 1. Vorsitzende K. G. Jagau, auch »Kaiser von Luhmühlen« genannt, berief sein erfahrenes Team, und die Vorbereitungen liefen generalstabsmäßig an.

Der Schirmherr

Kaum ließ sich der Bundespräsident ganz arglos in der Lüneburger Heide auf einer traditionellen Wanderung sehen, wurde er von Kurt Günter (Jagau) ganz einfach zum Schirmherrn der Weltmeisterschaft gekürt. Mit Dankbarkeit wurde dann allerdings die Bestätigung aus Bonn entgegengenommen.

Generalprobe

Im November 1981 begann bereits auf dem Papier die Generalprobe. Ein Freund Luhmühlens hatte seinen Besuch angekündigt — Dr. Dietmar Specht. Sein Rat und seine Erfahrungen waren von unschätzbarem Wert, wie sich am Ende der längsten Sitzung in Luhmühlen herausstellte. Der Erfolg Luhmühlens ist eng mit dieser Persönlichkeit des Reitsports verbunden. Luhmühlen dankt dies mit der wohl besten Werbung für den Vielseitigkeitssport.

»Andy« kommt

Die WM-Strecke wird von Wolfgang Feld mit der ihm eigenen Kreativität und dem sportlichen Verständnis für Reiter und Pferd konzipiert und unter dem Kommando von Karl Overbeck sen. realisiert.

Als technischer Deligierter der F. E. I. kommt der beliebte Pole Andrzej Orloś, unter Freunden kurz »Andy« genannt, und ist begeistert. — Ein paar Tips, eine kleine Korrektur, der Parcours ist genehmigt. Ein Baustein zum Erfolg.

Zuschauerboom

Die Werbung und die Presseberichte lösen einen Boom von Zimmerbestellungen aus. Der Kartenvorverkauf läuft auf vollen Touren. Überall zufriedene Gesichter. Das Veranstalterrisiko minimiert sich. Alle reden schon vom Wetter im September, Kurt Günter Jagau nicht — »das mache ich immer selbst!«

Alle Boxen klar

Mit der Sondermeldung »Alle Boxen klar« ist auch die letzte Klippe überwunden. Für das Rekordnennungsergebnis von 17 Nationen und 77 Teilnehmern ist alles für die WM vorbereitet.

Alle warten auf die Teilnehmer

Sämtliche Checklisten sind abgehakt. Jetzt müssen die Pferde und Reiter kommen — alles wartet.

Plötzlich stehen die teilnehmenden Pferde mit ihren Pflegern aus der Sowjetunion auf der Stallgasse. »Die sollten doch erst morgen kommen!« Wo ist das 5. Pferd? Wann kommen die Reiter? Alles klar!? Antwort: »Wir wollen so schnell wie möglich nach unserem geliebten Luhmühlen. Das fehlende Pferd ist auch da und genießt bereits das Luhmühlener Weidegras. Die Reiter kommen morgen.« Alles freut sich. — Ein Willkommenstrunk. — Ist Tradition. — »Nasdrovje«. — Die Sonne scheint. —

Es sind alle da

Alle teilnehmenden Pferde und Reiter sind eingetroffen und werden von Luhmühlenern engagiert versorgt, verpflegt und individuell betreut. — Das Programm läuft.

Montag, 30. August 1982

Man trifft sich beim international bekannten Luhmühlener Hufschmied Petersen. Eine großartige get-together-party. Militaryleute sind eben tolle Leute.

Dienstag, 31. August 1982

Traditioneller Familienabend der einzelnen teilnehmenden Nationen auf Einladung bei einheimischen Familien. Man kommt sich noch näher.

Mittwoch, 1. September 1982

Den Teilnehmern wird die Geländestrecke gezeigt. Einhellige Meinung: Großartig! WM-gerecht — keine Proteste.

Verfassungsprüfung für die Pferde. Große Diskussion: Horst Karsten will mit Takar nicht an den Start. Die Tierärzte haben ihm die Entscheidung überlassen . . . Er startet nicht. — Hochachtung!

Ernst Baumann, CH, kann seinen Baron nicht vorführen. Hat sich auf dem Transport nach Luhmühlen verletzt. Alles umsonst? Eventuell startet er mit dem Reservepferd seines Kameraden . . . ? Leider, wie sich später herausstellen sollte.

Das Pferd der Mexikanerin Sandra del Castillo kommt nicht durch die tierärztliche Kontrolle. Tränen. — Schade, aber richtig.

Um 19.00 Uhr bei der offiziellen Eröffnung im Schloßpark Winsen ist alles vergessen. Eine eindrucksvolle Veranstaltung.

Donnerstag, 2. September 1982

Der Dressurteil beginnt auf berühmtem Heideboden bei strahlendem Sonnenschein — Jagau-Wetter! Drei Richter kämpfen mit den Noten. Tagessieger: Martin Plewa (GER) auf Little Lion. Beifall. Morgen geht's weiter.

Abends trifft man sich auf Einladung der Niedersächsischen Regierung im Schafstall Dierkshausen. Ein schöner Abend.

Freitag, 3. September

Alles verläuft programmgemäß, bis die Wertnoten für Rüdiger Schwarz, Power Game, bekanntgegeben werden. Pfiffe der Zuschauer für den französischen Richter Buret. — Unterbewertet?

Gesamtsieger der Dressur: Die Engländerin Rachel Bayliss auf Mystic Minstrel.

Sonnabend, 4. September 1982

Super-Pferdewetter. Organisation perfekt. Pünktlicher Start der No. 1. Dietmar Hogrefe/Foliant. Minimale Zeitfehler auf der Rennbahn und im Gelände. Insgesamt 6.4 Punkte. — Komplimente.

Um 10.10 Uhr überschattet die Military-Veranstaltung der Superlative in Luhmühlen durch das tragische Unglück des schweizerischen Teilnehmers Ernst Baumann die gesamte Veranstaltung. Tödlicher Sturz an Hindernis 31 (Ententeich). Trauer und Bestürzung. Sportliche Entscheidung — weitermachen! Bestimmt im Sinne von Ernst Baumann.

Favoriten nach den Teilprüfungen Dressur und Gelände:

1. Helmut Rethemeier (GER)/Santiago
2. Lucinda Green (Prior-Palmer) (GBR)/ Regal Realm
3. Kim Walnes (USA)/The Gray Goose

Sonntag, 5. September 1982

Der Turnierplatz in der Westergellerser Heide ist mit 20 000 Zuschauern total ausverkauft. Die Spannung ist auf dem Höhepunkt. Eine imponierende Kulisse. Der führende Helmut Rethemeier/Santiago (GER) kann sich beim abschließenden Springen einen Abwurf leisten. Ist er schon Weltmeister? Die erfolgreichste Amazone Lucinda Green (Prior-Palmer) ist mit 0 Fehlern bereits durch. Die Silbermedaille ist ihr sicher. Helmut Rethemeier ist im Springparcours. Mit 2 Abwürfen und somit 10 Fehlerpunkten wird er Vizeweltmeister. Pech — aber fair. Neuer Weltmeister 1982: Lucinda Green (GBR) 47,80 Punkte. Silbermedaille: Helmut Rethemeier (GER) 52.00 Punkte. Bronzemedaille: Kim Walnes (USA) 52.80 Punkte.

Mannschaft

Goldmedaille	GBR	167,40 Punkte
Silbermedaille	GER	174,60 Punkte
Bronzemedaille	USA	193,80 Punkte

Der bis dahin amtierende zweimalige Weltmeister Bruce Davidson (USA) landet gemeinsam mit dem bundesdeutschen Herbert Blöcker auf dem 13. Platz. — Enttäuscht —

Gesamturteil: Die Military-WM in Luhmühlen bleibt für alle, die dabei waren, unvergessen.

WM Luhmühlen '82 — an unforgettable event

The "Deutsche Reiterliche Vereinigung e. V." unanimously had decided on Luhmühlen as organizers of the 5th World Three-Day Event Championship. Thus the biggest, most perfect enterprise of the Pferdezucht- und Reitverein Luhmühlen was started.

President of the club Kurt Günter Jagau, nicknamed "the Emperor of Luhmühlen" called in his experienced team, and preparations were startet in due course.

Patron

When the Bundespräsident hiked through the Lüneburg heath on his walking tour, he was unsuspectantly nominated Patron of the World Championship by Kurt Günter. The final confirmation arriving days later from Bonn, was thankfully welcomed.

Rehearsal

In November 1981 a first rehearsal took place. Dr. Dietmar Specht — an important friend of Luhmühlen — had announced his visit. His advice and experience were immensely valuable to those who were at the meeting, the longest ever in the history of the club.

The success of this Luhmühlen event is firmly connected to his personality, an insider of the equestrian sport.

"Andy" is coming

The World Championship cross country course is designed by Wolfgang Feld, whose creative initiative is based on his understanding of the equestrian sport. Under the management of Karl Overbeck sen. the course is then being built.

As technical delegate of the F.E.I. the Polish Andrzej Orlós, friends call him "Andy", came, and he was more than pleased. A few hints, small corrections and the course is accepted. Only one step to success.

Visitors' boom

Advertisements and press announcements caused a sudden rush on hotel rooms. The ticket sale starts. Everyone looks content. The organizers' risk is diminishing. All but one talk about the weather in September. Kurt Günter Jagau: "I'll look to it myself."

Boxes are o.k.

The announcement "loose-boxes are ready" signalizes the approaching end of preparations. Things are arranged for 77 participants from 17 nations, an unusual high number of entries.

Waiting for the participants

All items on the prep.-lists are checked. Now horses and riders may come. We are waiting.

Suddenly the participating horses and their grooms of the Soviet Union have arrived. Why? Shouldn't they have come tomorrow? And where is their fifth horse? When will the riders be here? — Well, they wanted to come here as quickly als possible, to "their" Luhmühlen village, and the missing horse is already grazing on Luhmühlen's pastures. The riders are expected tomorrow. The newcomers are happily having a welcome-drink. It's tradition too. Cheerio! Nastrovje!
— The sun is shining —

They are all here

All participating horses and riders have arrived and are being looked after by the "Luhmühleners", are being well taken care of and are individually attended to.

Monday, 30th August 1982

One meets at the internationally well-known blacksmith's Petersen. A smashing get-together-party. Military-people are just crazy people.

Tuesday, 31st August 1982

Local families have invited the different nations to parties at their homes. Tradition too. You get to know everyone even closer.

Wednesday, 1st September 1982

The cross country course is shown to the participants. The general opinion: Terrific — Championship-like. No protests.

First inspection of the horses. Big discussions: Horst Karsten does not want to start. The veterinaries have left the decision to him. He will not participate. Our respect! Ernst Baumann, Switzerland, cannot present his Baron. He has been injured during transport to Luhmühlen. Everything in vain? Perhaps he can start with the second horse of his fellow rider . . .?

The horse of the Mexican Sandra del Castillo does not pass the veterinary inspection. Tears. A pity, but correct. By 7.00 p.m. at the opening ceremonies in Winsen everything is already forgotten. An impressive meeting.

Thursday, 2nd September 1982

The first dressage part commences on the famous heath ground. Bright sunshine. — Jagau weather. Three judges struggle with points. Day's dressage winner: Martin Plewa (GER) on Little Lion. Applause. Tomorrow is just another day.

For the evening there is an invitation from the "Niedersächsische Regierung". A beautiful evening.

Friday, 3rd September 1982

Everything runs in due course, until the dressage points for Rüdiger Schwarz on Power Game are announced. Whistles from the spectators for the French judge Buret. Undervalued? Final dressage winner: Rachel Bayliss on Mystic Minstrel.

Saturday, 4th September 1982

Fantastic weather for horses. Organization is perfect? Rider No. 1 starts exactly on time. Dietmar Hogrefe on Foliant. Minimum time penalty points on the steeplechase and on the cross. 6.4 points in all. Our respect.

At 10.10 the superb event is overshadowed by the fatal accident of the Swiss Ernst Baumann. He has a deadly fall at jump 31 (ducks's pond). Sporting decision: we keep on going. We surely follow his wish.

The best placed after dressage and cross:

1. Helmut Rethemeier (GER)/Santiago
2. Lucinda Green (Prior-Palmer)/(GBR) Regal Realm
3. Kim Walnes (USA)/The Gray Goose

Sunday, 5th September 1982

The showgrounds are completely sold out with 20 000 spectators.

Expectations are high. An imposing background. The leading H. Rethemeier/ Santiago can make one fault. May we already name him the Champion? The most successful Amazone Lucinda Green (Prior-Palmer) already has a clear round. Now Helmut Rethemeier is off. With 2 faults and thus 10 penalty points he is second. Bad luck — but fair.

World Champion: Lucinda Green (GBR) 47,80 points. Silver medallist: Helmut Rethemeier (GER) 52,00 points. Bronze medallist: Kim Walnes (USA) 52,80 points.

Teams

Gold medal:	GBR 167,40 points
Silver medal:	GER 174,60 points
Bronze medal:	USA 193,80 points

The previous World Champion Bruce Davidson (USA) was thirteenth together with Herbert Blöcker (GER). Disappointing.

Final opinion: The World Three-Day Event Championship: Unforgettable for all those who took part.

Großes Dressurviereck
Dressage arena

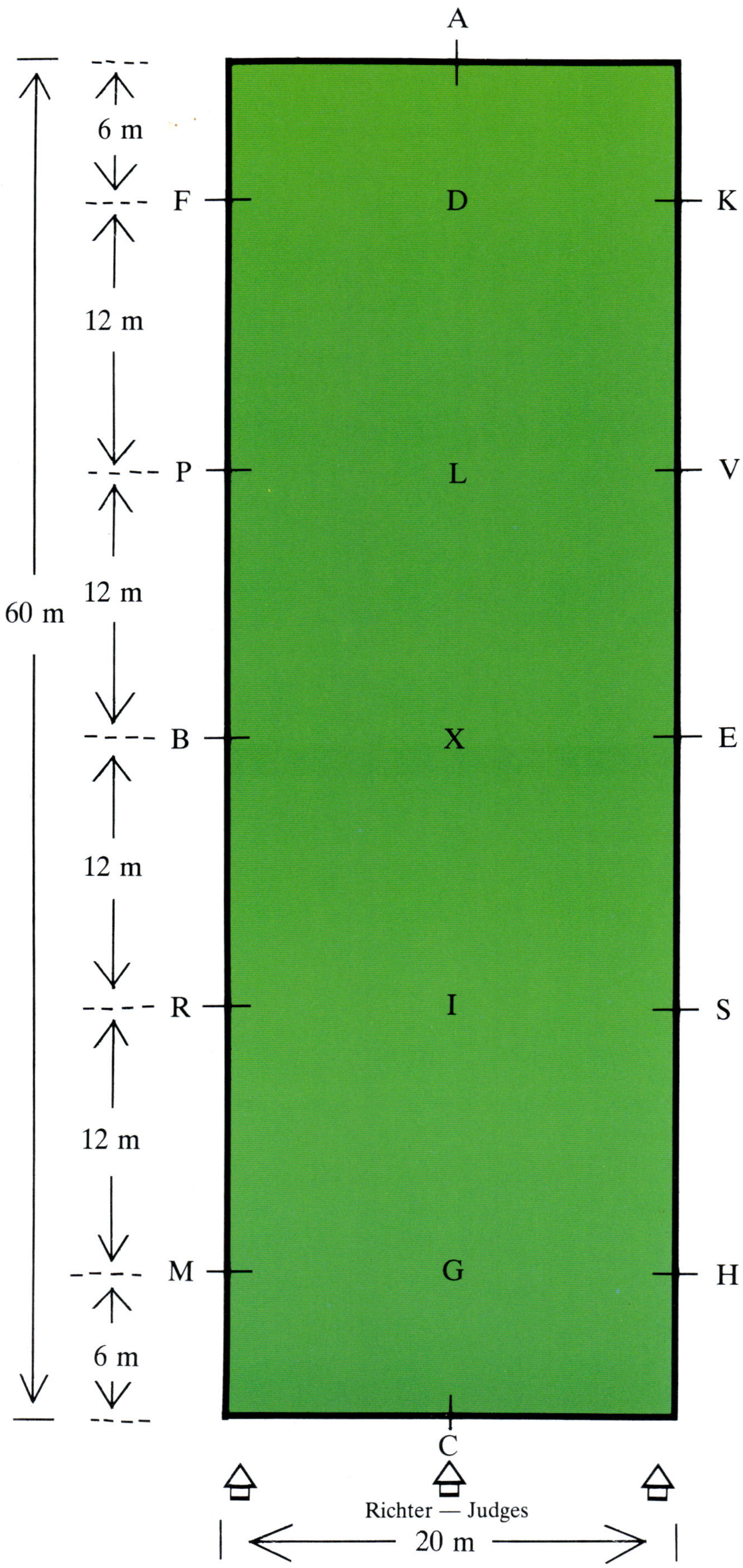

Die FEI Dressur-Aufgabe der Großen Vielseitigkeitsprüfung (V 2):

1	A	Einreiten im Arbeitsgalopp	
	X	Halten – Unbeweglichkeit – Gruß – Anreiten im Arbeitstrab	10
2	C	Linke Hand	
	S	Mitteltrab	
	EBE	Volte links (20 m Durchmesser)	
	EV	Mitteltrab	10
3	V	Arbeitstrab	
	A	Auf die Mittellinie gehen	
	L	Volte links (10 m Durchmesser)	10
4	LS	Nach links traversieren	10
5	C	Halten – 5 Tritte Rückwärtsrichten, daraus ohne Halt anreiten im Arbeitstrab	10
6	R	Mitteltrab	
	BEB	Volte rechts (20 m Durchmesser)	
	BP	Mitteltrab	10
7	P	Arbeitstrab	
	A	Auf die Mittellinie gehen	
	L	Volte rechts (10 m Durchmesser)	10
8	LR	Nach rechts traversieren	10
9	C	Halt – 5 Sekunden Unbeweglichkeit – Anreiten im Arbeitstrab	10
10	HXF	Im starken Trab (leichttraben) durch die ganze Bahn wechseln	
	F	Arbeitstrab	10
11	KXM	Im starken Trab durch die ganze Bahn wechseln	
	M	Arbeitstrab	10
12	C	Mittelschritt	
	HSXPF	Starker Schritt	
	F	Mittelschritt	10
13	A	Arbeitsgalopp – Volte rechts (10 m Durchmesser)	10
14	ABC	Schlangenlinie – 3 Bogen ohne Galoppwechsel	10
15	MXK	Im starken Galopp durch die ganze Bahn wechseln	
	K	Arbeitstrab	10
16	A	Arbeitsgalopp – Volte links (10 m Durchmesser)	10
17	AEC	Schlangenlinie – 3 Bogen ohne Galoppwechsel	10
18	HXF	Im starken Galopp durch die ganze Bahn wechseln	
	F	Arbeitstrab	10
19	A	Auf die Mittellinie gehen	
	L	Arbeitsgalopp rechts	10
20	G	Halt – Unbeweglichkeit – Gruß	
	A	Verlassen der Bahn am langen Zügel	10
	G	Total:	200

Gesamtnoten:

1. Reinheit und Regelmäßigkeit der Gänge	10
2. Schwung (Frische, Elastizität der Bewegungen, Tätigkeit der Hinterhand)	10
3. Gehorsam (Aufmerksamkeit und Vertrauen, Losgelassenheit und Durchlässigkeit, Anlehnung)	10
4. Sitz des Reiters, Korrektheit in der Hilfengebung	10
Maximale Gutpunktzahl 240 × 0,6 =	144

FEI Three-Day Event Dressage Test

1	A	Enter at working canter	
	X	Halt – Immobility – Salute – Proceed at working trot	10
2	C	Track to the left	
	S	Medium trot	
	EBE	Circle to the left 20 meters diameter	
	EV	Medium trot	10
3	V	Working trot	
	A	Down center line	
	L	Circle to the left ten meters diameter	10
4	LS	Half-pass (left)	10
5	C	Halt – rein back 5 steps – Proceed at working trot without interruption	10
6	R	Medium trot	
	BEB	Circle to the right 20 meters diameter	
	BP	Medium trot	10
7	P	Working trot	
	A	Down center line	
	L	Circle to the right 10 meters diameter	10
8	LR	Half-pass (right)	10
9	C	Halt – Immobility 5 seconds – Proceed at working trot	10
10	HXF	Change rein at extended trot (rising)	
	F	Working trot	10
11	KXM	Change rein at extended trot	
	M	Working trot	10
12	C	Medium walk	
	HSXPF	Extended walk	
	F	Medium walk	10
13	A	Working canter – Circle to the right 10 meters diameter	10
14	AC	Serpentine 3 loops, the first and third true canter, the second counter-canter	10
15	MXK	Change rein at extended canter	
	K	Working trot	10
16	A	Working canter – Circle to the left 10 meters diameter	10
17	AC	Serpentine 3 loops, the first and third true canter, the second counter-canter	10
18	HXF	Change rein at extended canter	
	F	Working trot	10
19	A	Down center line	
	L	Working canter to the right	10
20	G	Halt – Immobility – Salute	
	A	Leave arena at walk on long reins	10
	G	total:	200

Collective Marks:

1. Paces (freedom an regularity)	10
2. Impulsion (desire to move forward, elasticity of the steps and engagement of the hind quarters)	10
3. Submission (attention and obedience, lightness and ease of the movements, acceptance of the bridle)	10
4. Position, seat of the rider, correct use of the aids	10
total max. marks 240 × 0,6 =	144

Donnerstag/Freitag, 2./3. 9. 1982: Dressur
Thursday and Friday, 2nd and 3rd Sept. 1982: Dressage

Dietmar Hogrefe (GER)/Foliant

1

2

1 Mervyn Bennet (AUS)/Regal Reign
2 Jessica Harrington (IRL)/Amoy

Martin Plewa (GER) / Little Lion

Richter - Jugde by M 180 P.

Richter - Judge by C 169 P.

Richter - Judge by H 171 P.

Total 40,00 Punkte - Points

Tagessieger 1. Tag - Winner of the 1st day

1

2

1 Peter F. Green (USA)/Branch Water
2 Bruce Davidson (USA)/J. J. Babu

1

2

1 Helmuth Rethemeier (GER)/Santiago

2 Santiago, 10 J., braun, Wallach v. Sable Skinflint xx, Schleswig-Holstein

1

2

1 Virginia Holgate (GBR) / Priceless
2 Lucinda Green (GBR) / Regal Realm

1

10 000 Zuschauer am zweiten Tag

Der Zuschauerstrom bei den 5. Weltmeisterschaften der Vielseitigkeitsreiter in Luhmühlen hielt auch am Freitag, dem zweiten Tag der Dressurprüfungen, an. Bei strahlendem Sonnenschein kamen 10 000 Besucher auf den Turnierplatz. Am Vortag waren es 7500 Zuschauer. Mit nunmehr 17 500 Besuchern insgesamt haben die Organisatoren ihr kalkuliertes »Soll« bereits fast erreicht, da man am Sonnabend beim Geländeritt mit über 50 000 Reitsportfans rechnet. Die Tribünenplätze (5000) für das Springen am Sonntag waren bereits ausverkauft.

10,000 visitors the second day

Crowds of visitors came to the 5th World Three-Day Event Championship in Luhmühlen on Friday, the second day of the dressage competition.
Bright sunshine tempted 10,000 spectators to visit the showgrounds. The day before 7,500 people were counted. For the cross country on Saturday about 50,000 visitors were expected. Adding the number of the dressage-days the calculated figures were nearly reached.
The grandstands (5,000 seats) for the showjumping on Sunday were already sold out.

2

3

1/3 Dressursiegerin - dressage's winner Rachel Bayliss (GBR)/Mystic Minstrel

2 Tagessieger - winner of the day Martin Plewa (GER)/Little Lion

Dressur Einzelergebnisse

Dressage Results

Pl.	Nr.	Reiter(in)/Nation Rider/Nation	Pferd Horse	v. Butler (GER)	Burton (USA)	Buret (FRA)	Total	Total Punkte Points
1	41	Rachel Bayliss (GBR)*	Mystic Minstrel	180(1)	174(5)	187(1)	541	35,80
2	67	Kim Walnes (USA)*	The Gray Goose	170(5)	187(1)	166(8)	523	39,40
3	21	Martin Plewa (GER)	Little Lion	180(1)	169(8)	171(2)	520	40,00
4	62	Helmut Rethemeier (GER)*	Santiago	169(8)	177(3)	168(6)	514	41,20
5	46	Rüdiger Schwarz (GER)*	Power Game	180(1)	177(3)	156(15)	513	41,40
6	51	David Green (AUS)*	Mairangi Bay	162(16)	164(10)	169(4)	495	45,00
7	60	Krzysztof Rafalak (POL)*	Dajak	169(8)	173(6)	153(21)	495	45,00
8	70	Bruce Davidson (USA)	J. J. Babu	173(4)	166(9)	155(18)	494	45,20
9	59	Thierry Lacour (FRA)*	Hymen de la Cour	163(15)	173(6)	157(14)	493	45,40
10	76	Anchela Rohof (HOL)*	Resolution Bay	168(11)	178(2)	145(33)	491	45,80
11	29	Hansueli Schmutz (SUI)*	Oran	170(5)	159(16)	160(11)	489	46,20
12	11	Torrance Watkins Fleischmann (USA)*	Southern Comfort	158(22)	156(24)	169(4)	483	47,40
13	33	Nancy Bliss (USA)*	Cobblestone	161(17)	162(12)	160(11)	483	47,40
14	37	Thomas Rüder (GER)	Maniok	155(27)	158(20)	170(3)	483	47,40
15	50	Bernd Neumann (GER)	Banana	161(17)	153(32)	167(7)	481	47,80
16	58	Lucinda Prior-Palmer Green (GBR)*	Regal Realm	169(8)	159(16)	153(21)	481	47,80
17	35	Nils Haagensen (DEN)	Fair Lady	170(5)	160(14)	150(26)	480	48,00
18	3	Pascal Morvillers (FRA)	Gulliver B	155(27)	155(27)	165(10)	475	49,00
19	65	Jan Jönsson (SWE)*	Lyrik	157(25)	157(22)	156(15)	470	50,00
20	43	Paul Loiseau (FRA)*	Elding Bleu	149(48)	154(29)	166(8)	469	50,20
21	61	Simon de Jonge (HOL)*	Miracle	161(17)	158(20)	149(27)	468	50,40
22	74	Joel Pons (FRA)*	Ensorceleuse	152(34)	160(14)	156(15)	468	50,40
23	77	Mary Hamilton (NZL)	Ben Arthur	165(13)	154(29)	149(27)	468	50,40
24	24	Herbert Blöcker (GER)*	Ladad	151(37)	162(12)	151(24)	464	51,20
25	36	Clarissa Strachan (GBR)	Merry Sovereign	159(21)	150(35)	154(20)	463	51,40
26	18	Virginia Holgate (GBR)*	Priceless	166(12)	157(22)	139(44)	462	51,60
27	54	J. Micheal Plumb (USA)*	Blue Stone	164(14)	159(16)	135(50)	458	52,40
28	16	Peter F. Green (USA)	Branch Water	157(25)	156(24)	144(34)	457	52,60
29	28	Karl Siemens-Fischer (GER)	Kim	154(29)	151(33)	151(24)	456	52,80
30	20	Patrick Marquebielle (FRA)*	Flamenco III	151(37)	146(45)	158(13)	455	53,00
31	23	Miroslaw Szlapka (POL)*	Len	158(22)	155(27)	142(35)	455	53,00
32	48	Miroslaw Ślusarczyk (POL)	Asesor	154(29)	159(16)	140(40)	453	53,40
33	42	Diana Clapham (GBR)	Windjammer	150(42)	149(38)	153(21)	452	53,60
34	34	Sergei Rogozhin (URS)*	Referendum	154(29)	142(52)	155(18)	451	53,80
35	69	Tzvetan Dontchev (BUL)*	Medison	151(37)	164(10)	136(49)	451	53,80
36	73	Richard Meade (GBR)*	Kilcashel	150(42)	151(33)	148(30)	449	54,20
37	68	Boris Gortchakov (URS)*	Netchiotnyi	160(20)	150(35)	135(50)	445	55,00
38	14	Alexandre Blinov (URS)*	Zheti	150(42)	147(43)	146(31)	443	55,40
39	30	Friedrich Otto (GER)	Chicoa	154(29)	148(39)	141(36)	443	55,40
40	53	Christian Persson (SWE)*	Joel	151(37)	154(29)	138(47)	443	55,40
41	7	Ross Renwick (NZL)	The Politician	158(22)	143(50)	141(36)	442	55,60
42	75	Jacek Bobik (POL)*	Koper	152(34)	156(24)	134(53)	442	55,60
43	55	Alexandre Zavistovski (URS)*	Diamed	144(53)	145(46)	146(31)	435	57,00
44	47	Roberto Redon (MEX)*	Cristero	152(34)	150(35)	132(56)	434	57,20
45	56	Dimo Kristov (BUL)*	Maket	146(52)	148(39)	140(40)	434	57,20
46	27	Andrew Hoy (AUS)*	Davey	150(42)	143(50)	139(44)	432	57,60
47	49	Marina Sciocchetti (ITA)*	Master Hunt	153(33)	148(39)	131(57)	432	57,60
48	13	Bettina Overesch (GER)	Peace Time	144(53)	147(43)	140(40)	431	57,80
49	32	Sven Ingvarsson (SWE)*	Doledo	150(42)	145(46)	129(59)	424	59,20
50	39	Djenko Sabev (BUL)*	Afekt	148(49)	139(57)	137(48)	424	59,20
51	63	Jose Luis Perez (MEX)*	Ayatollah	147(50)	135(61)	141(36)	423	59,40
52	44	Jan Lipczynski (POL)*	Elektron	151(37)	144(49)	127(60)	422	59,60
53	2	Karen Stives (USA)	The Saint	150(42)	134(66)	135(50)	419	60,20
54	8	Jean Teulere (FRA)	En Douce II	134(63)	135(61)	149(27)	418	60,40
55	52	Sepp Räber (SUI)*	Benno II	138(59)	145(46)	134(53)	417	60,60
56	10	Jessica Harrington (IRL)	Amoy	136(60)	136(59)	141(36)	413	61,40
57	38	Dieter Hesselbach (GER)	Royal Blue	147(50)	135(61)	131(57)	413	61,40
58	72	Juliet Bishop (CAN)*	Jones	133(65)	137(58)	139(44)	409	62,20
59	22	Gerard Sinnott (IRL)	The Prop	133(65)	135(61)	140(40)	408	62,40
60	57	Kelly Plitz (CAN)*	Dialadream	135(62)	141(53)	125(63)	401	63,80
61	45	Wout-Jan v. d. Schans (HOL)*	Harrock Hill	141(56)	133(67)	126(62)	400	64,00
62	1	Dietmar Hogrefe (GER)*	Foliant 6	134(63)	140(56)	124(64)	398	64,40
63	26	Anna Casagrande (ITA)*	Daleye	136(60)	129(69)	133(55)	398	64,40
64	5	Dino Constantini (ITA)*	Demon Prince	132(67)	141(53)	121(65)	394	65,20
65	17	Robert Robertson (CAN)*	Jack The Lad	139(58)	148(39)	105(71)	392	65,60
66	64	Sepp Burger (SUI)*	Mr. Ickford	143(55)	141(53)	107(69)	391	65,80
67	31	Neil Ishoy (CAN)	L'Esprit	141(56)	135(61)	110(68)	386	66,80
68	4	Salvador Suarez (MEX)*	Bombona	121(72)	136(59)	127(60)	384	67,20
69	15	Plamen Kirov (BUL)*	Mentor	122(71)	130(68)	119(66)	371	69,80
70	40	Nick Holmes-Smith (CAN)*	Sinnerman	130(68)	129(69)	104(74)	363	71,40
71	9	Ernst Baumann (SUI)*	Beaujour de Mars	124(69)	126(71)	104(74)	354	73,20
72	6	Mervyn Bennet (AUS)*	Regal Reign	123(70)	119(74)	106(70)	348	74,40
73	71	Robin Hahn (CAN)	Strathallan	108(76)	125(72)	111(67)	344	75,20
74	12	Artur Bober (POL)	Czubczyk	118(73)	120(73)	105(71)	343	75,40
75	25	Jose-Luis Luna (MEX)*	Quelite	115(74)	116(76)	105(71)	336	76,80
76	66	Yury Salnikov (URS)	Akoprin	112(75)	119(74)	101(76)	332	77,60
77	19	David Barcena (MEX)	Centauro	105(77)	112(77)	91(77)	308	82,40

Dressur
Mannschaftswertung

Dressage
of the equipes

Pl.	Land Country	Nr.	Punkte Points	Nr.	Punkte Points	Nr.	Punkte Points	Total Punkte/ Points
1	Deutschland	62	41,20	46	41,40	24	51,20	133,80
2	USA	67	39,40	11	47,40	33	47,40	134,20
3	Großbritannien	41	35,80	58	47,80	18	51,60	135,20
4	Frankreich	59	45,40	43	50,20	74	50,40	146,00
5	Polen	60	45,00	23	53,00	75	55,60	153,60
6	Niederlande	76	45,80	61	50,40	45	64,00	160,20
7	UdSSR	34	53,80	68	55,00	14	55,40	164,20
8	Schweden	65	50,00	53	55,40	32	59,20	164,60
9	Bulgarien	69	53,80	56	57,20	39	59,20	170,20
10	Schweiz	29	46,20	52	60,60	64	65,80	172,60
11	Australien	51	45,00	27	57,60	6	74,40	177,00
12	Mexiko	47	57,20	63	59,40	4	67,20	183,80
13	Italien	49	57,60	26	64,40	5	65,20	187,20
14	Kanada	72	62,20	57	63,80	17	65,60	191,60

Ablauf einer großen Vielseitigkeitsprüfung – Compositon of Three-Day Events

Die Prüfung beginnt mit der ersten Verfassungsprüfung. Hier werden die Pferde einer veterinärärztlichen Kontrolle unterzogen. Nur wer diese Prüfung besteht, kann in den Wettbewerb gehen.

The three-day event begins with a veterinary inspection where the horses are thoroughly checked. Only those who pass can participate.

Die ersten beiden Tage einer Vielseitigkeitsprüfung nimmt die Dressur ein. Sie wird auf einem 20 x 60 m großen Viereck auswendig geritten und von drei Richtern gewertet.

On the first two days the dressage test takes place. It is to be carried out from memory on an arena 20 x 60 m and is judged by three members of the Ground Jury.

Die am dritten Tag stattfindende Geländeprüfung gliedert sich in vier Phasen:

Phase A. 1. Wegestrecke. Sie wird in einem Tempo von 220 m/Min. geritten und dient der Erwärmung der Pferde.

The third day's endurance competition:

Phase A: Roads and tracks at a speed of approx. 220m/min. to warm up the horses.

Phase B. Die Rennbahn. Hier werden die Pferde im Tempo von 690 m/Min. auf der mit Jagdrennbahnsprüngen bis zu einem Meter Höhe versehenen Strecke vornehmlich auf ihre Schnelligkeit getestet.

PhaseB: Steeple-chase. Horses undergo a test of their fastness, 8—10 obstacles at a speed of 690 m/min have to be taken.

Phase C. 2. Wegestrecke. Tempo 220 m/Min. — Erholungsphase.

Phase C: Roads and tracks at 220 m/min. — phase for recovery.

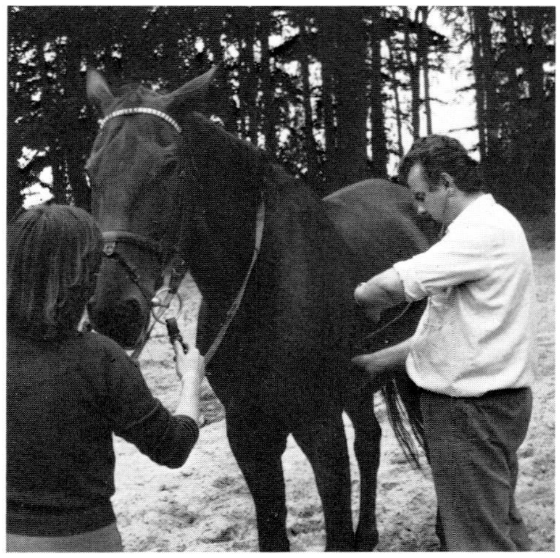

Bevor die Pferde nach der 2. Wegestrecke in die Querfeldeinstrecke gehen, erhalten sie eine Zwangspause von zehn Minuten. In dieser Zeit werden sie von einer Veterinärkommission auf ihre Gesundheit und Kondition überprüft und gegebenenfalls aus der Prüfung genommen.

Before starting on the cross country a 10-minute-break for a veterinary inspection on health and condition is mandatory. Unfit horses will be eliminated.

Phase D. Die Querfeldeinstrecke. Sie führt über feste Hindernisse und ist in einem Tempo von 570 m/Min. zu reiten. Es können nur Minuspunkte durch zu langsames Reiten erlangt werden. Schnelleres Reiten führt zu keinerlei Punktgutschrift.

Phase D: cross country. Solid obstacles have to be jumped at a speed of 570 m/min. Penalty points will be given to those riders exceeding the time allowed, whereas no credit is given to those who fall below.

Der vierte Tag beginnt wieder mit einer Verfassungsprüfung, bei der die Pferde nochmals tierärztlich untersucht werden.

The fourth day commences with another veterinary inspection, where the horses are checked again.

Das Abschlußspringen entspricht etwa dem Schwierigkeitsgrad einer Springprüfung der Klasse L. Bewußt werden nach der schweren Geländeprüfung des Vortages keine besonderen Anforderungen mehr an das Springvermögen gestellt. Vornehmlich Gehorsam und Kondition sollen hier nochmals überprüft werden.

The obstacles of the final jumping competition are of medium height. After the endurance test of the day before, only obedience and condition of the horses will be tested, disregarding their highjump abilities.

Sonnabend, 4. 9. 1982, Geländeprüfung
Saturday, 4th Sept. 1982, Endurance

Phase A

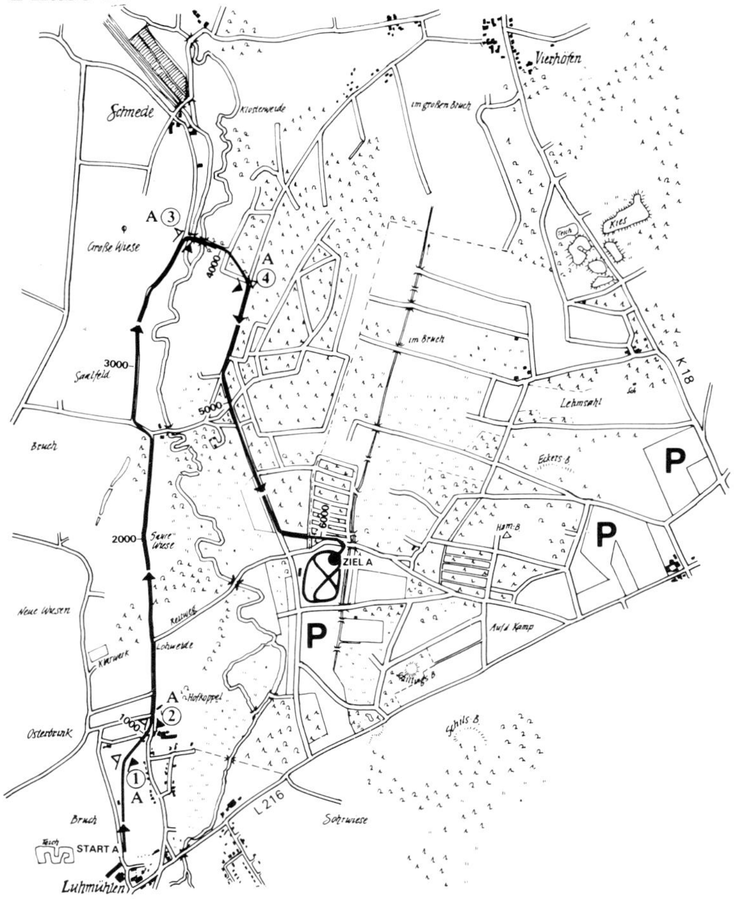

Phase B

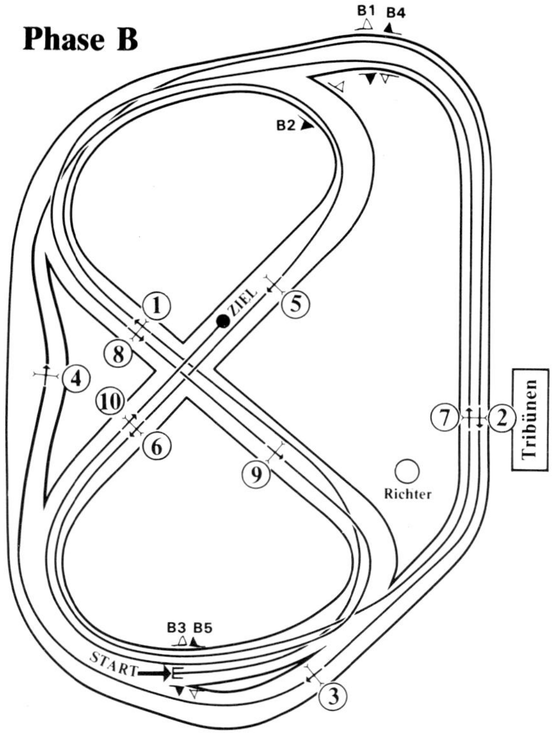

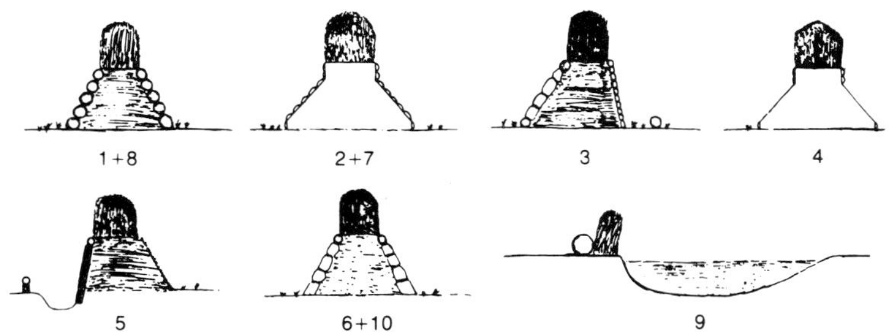

Phase C

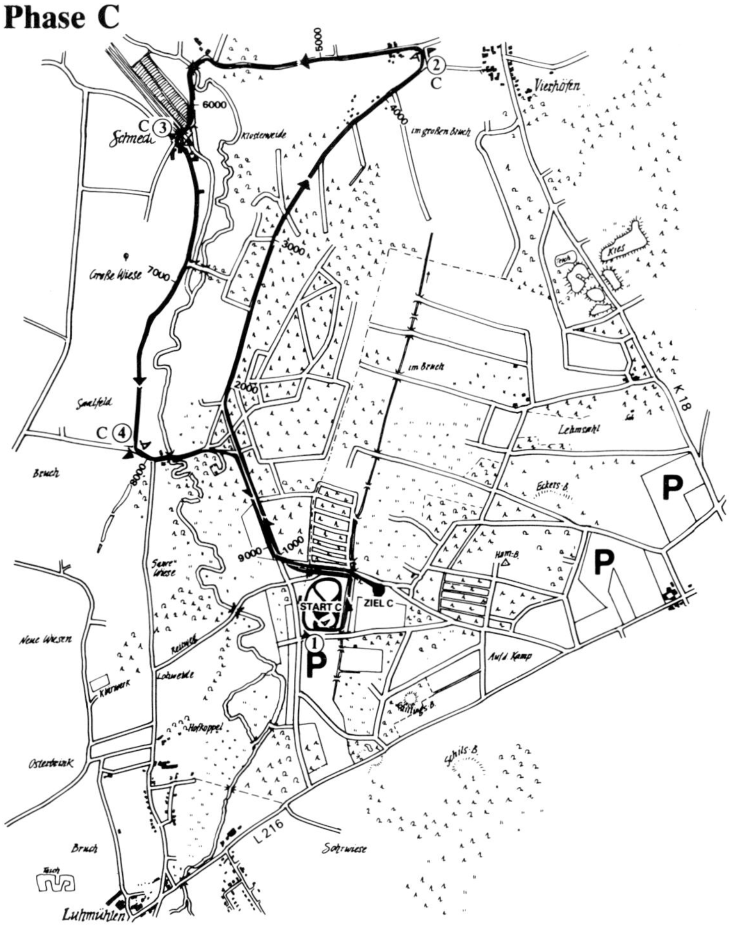

Phase A: Erste Wegestrecke: 6160 m, Tempo 220 m/Min. Zeit: 28 Min.
(Pflichttore A 1—A 4)
Roads and tracks: 6,160 m, speed 220 m/min. time: 28 min.
(compulsory flags A 1— A 4)

Phase B: Rennbahn: 3450 m, Tempo 690 m/Min. Zeit: 5 Min.
(Pflichttore: B 1—B 4)
Steeple-chase: 3,450 m, speed 690 m/min. time: 5 min.
(compulsory flags B 1— B 4)

Phase C: Zweite Wegestrecke: 9900 m, Tempo 220 m/Min. Zeit: 45 Min.
(Pflichttore C 1— C 4)
Roads and tracks: 9,900 m, speed 220 m/min. time: 45 min.
(compulsory flags C 1—C 4)

Sonnabend, 4. 9. 1982: Geländeprüfung
Saturday, 4th Sept. 1982: Cross country

Phase D

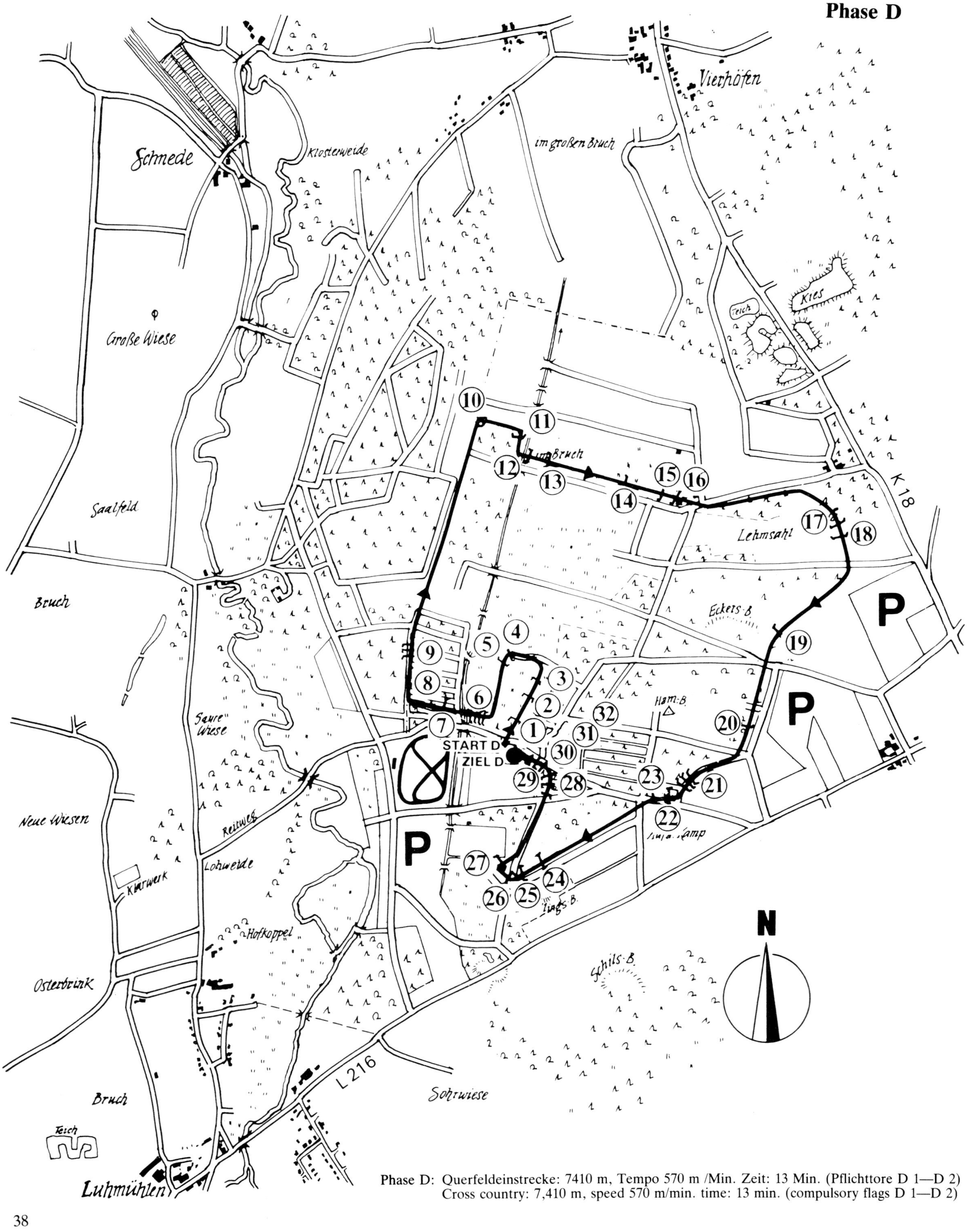

Phase D: Querfeldeinstrecke: 7410 m, Tempo 570 m /Min. Zeit: 13 Min. (Pflichttore D 1—D 2)
Cross country: 7,410 m, speed 570 m/min. time: 13 min. (compulsory flags D 1—D 2)

1 WM-Hecke — W. Championship's hedge

2 Weidetränke — watering-place on pasture

3 Hannoveraner Tor — Hanoveranian gate

4/5 Minihof — small yard

6 Euroteich — Euro pond

7 Parkzaun — a Park's fence

8 Graben mit Hecke — ditch and hedge

9 Wellenbahn — wave-track

9 Wellenbahn — wave-track

10 Birke hinter Graben — ditch and birch-tree

11 Birkenoxer — parallel rails

12/13 Schulzens-Eck — Schulzen's corner

14 Eichenrick mit Hecke — oaktreerails and hedge

15/16 Uhlenhof — owl's yard

17 Hühnengrab

18 Bienenhaus — bee-house-jump

19 Bank — bench

20 Eichenrick — oak rails

21 Haidmärkers Schnuckenstall
Haidmärker's heath-sheep-pen

21 Haidmärkers Schnuckenstall
Haidmärker's heath-sheep-pen

22/23 Hohlweg — sink hole

24 Bank — bench

25/26 Treppe — stairs

27 Rinderpferch — cattle fold

28 Eiche — oak trunk

29/30/31 Ententeich — duck's pond

32 Moravia-Theke — beer bar

1

2

3

1 Ernst Baumann (SUI)/Beaujour de Mars
2 Mervyn Bennet (AUS)/Regal Reign
3 Artur Bober (POL)/Czubczyk

1

2

1 Dino Constantini (ITA)/Demon Prince
2 Jessica Harrington (IRL)/Amoy

1

2

3

1 Karen Stives (USA)/The Saint
2 Peter Green (USA)
3 Torrance Watkins Fleischmann (USA)/Southern Comfort

1

2

3

1 Jean Teulere (FRA)/En Douce II
Start Gelände - Start cross

2 Ernst Baumann (SUI)
Über Sprung 1 - over fence 1

3 Hindernis 1 WM-Hecke - Fence 1 W. Championship's hedge

1

2

3

4

1 Jessica Harrington (IRL)/Amoy
2 Hindernis 2 Weidetränke
Fence 2 watering-place on pasture

3 Hindernis 3 Hannoveraner Tor
Fence 3 Hanoveranian gate
4 Torrance Watkins Fleischmann (USA)
über Hindernis 3 - over fence 3

1

2

3

1 Bettina Overesch (GER)/Peace Time
Sprung 4/5 Minihof - Fence 4/5 small yard
2 Artur Bober (POL)/Czubczyk
3 Hindernis 4/5 Minihof - Fence 4/5 small yard

Seite 51: Dieter Hesselbach (GER)/Royal Blue

1 Hindernis 6 Euroteich
Fence 6 Euro pond

2 Clarissa Strachan (GBR)/
Merry Sovereign

3 Martin Plewa (GER)/
Little Lion

1

2

3

38

1

2

1 Robert Robertson (CAN)/Jack the Lad
Europateich - Euro pond

2 Wasserspiele - Watergames

1

2

3

1 Thomas Rüder (GER)/Maniok
Sprung - Fence 7

2 Sprung 7 Parkzaun
Fence 7 A park's fence

3 Sprung 8 Graben mit Hecke
Fence 8 ditch and hedge

1

2

1 Pony-Meldereiter - Pony-message-rider
2 Gerard Sinnott (IRL)/The Prop

Herbert Blöcker (GER)/Ladad

1

2

1 Patrick Marquebielle (FRA)/Flamenco III
Sprung 9 „Jagaus"-Kanzel
Fence 9 „Jagaus"-Kanzel

2 Herbert Blöcker (GER)/Ladad

1

2

3

1 Karl Siemens-Fischer (GER)/Kim
Sprung 11 Birkenoxer - Fence 11 parallel rails

2 Anna Casagrande (ITA)/Daleye

3 Sprung 10 Birke hinter Graben
Fence 10 ditch and birch-tree

1

2

3

1 Andrew Hoy (AUS)/Davey
Sprung - Fence 12/13

2 Herbert Blöcker (GER)/Ladad
Über Sprung 11 - Over fence 11

3 Sprung 12/13 Schulzens-Eck
Fence 12/13 Schulzen's Corner

1

2

3

1 Peter F. Green (USA)/Branch Water

2 „Didi“

3 Nils Haagensen (DEN)/Fair Lady
Sprung 15/16 Uhlenhof - Fence 15/16 owl's yard

1 Dieter Hesselbach (GER)
2 Djenko Sabev (BUL)/Afekt
3 Hindernis 19 Bank - Fence 19 bench
4 Hindernis 20 Eichenrick
Fence 20 oak rails

1

2

3

4

1

2

1 Diana Clapham (GBR)/Windjammer
2 Hindernis 21 Haidmärkers Schnuckenstall
Fence 21 Haidmärker's heath-sheep-pen

1

2

3

1 Niedersächsischer Ministerpräsident Dr. Ernst Albrecht
Bundespräsident Professor Dr. Carl Carstens
Dieter Graf Landsberg-Velen

2 Nick Holmes-Smith (CAN)/Sinnerman
Sprung 21 Heidmärker Schnuckenstall
Fence heath-sheep-pen

3 Paul Loiseau (FRA)/Elding Bleau

1

2

3

1 Rüdiger Schwarz (GER)/Power Game
2 Torrance Watkins Fleischmann (USA)
3 Hindernis 21 D - Fence 21 D

1

2

3

1 Michael Plumb (USA) / Blue Stone
2 Christian Persson (SWE) / Joel
3 Hindernis 22/23 Hohlweg - Fence 22/23 sink hole

1

2

3

1 Kelly Plitz (CAN), Dialadream
2 Hindernis 24 Bank - Fence 24 bench
3 Hindernis 25/26 Treppe - Fence 25/26 stairs

57

Kelly Plitz (CAN)/Dialadream

1/3 Helmut Rethemeier (GER)/Santiago
Hindernis 25/26 Treppe - Fence 25/26 stairs
2 Krzysztof Rafalak (POL)/Dajak

1

2

3

1

2

1/2/5 Hindernis 29/30/31 Ententeich - Fence 29/30/31 duck's pond
3 Dino Constantini (ITA)/Demon Prince
4 Rüdiger Schwarz (GER)/Power Game

4

3

5

1

2

3

1 Jacek Bobik (POL)/Koper
2 Mary Hamilton (NZL)/Ben Arthur
3 Friedrich Otto (GER)/Chicoa

1

2

3

1 Miroslaw Ślusarczyk (POL)/Asesor

2/3 Europameister Hansueli Schmutz (SUI)/Oran
— auch ein Weg - another possibility —

Jan Jönsson (SWE)/Lyrik
Sturz Hindernis 30 - Fall Fence 30

Denko Sabev (BUL)/Afekt

Einzelergebnisse nach Dressur und Gelände – Results of the singles after dressage and cross country

Pl.	Nr.	Reiter(in)/Nation Rider/Nation	Pferd Horse	Dressur Dressage	Phase A PPA	Rennbahn Steeple	Phase C PPC	Q-Strecke Cross	Fehler Fouls	Total Pkt. Points
1	62	Helmut Rethemeier (GER)*	Santiago	41,20	0,0	0,8	0,0	0,0	0	42,00
2	58	Lucinda Prior-Palmer Green (GBR)*	Regal Realm	47,80	0,0	0,0	0,0	0,0	0	47,80
3	67	Kim Walnes (USA)*	The Gray Goose	39,40	0,0	0,0	0,0	8,4	0	47,80
4	16	Peter F. Green (USA)	Branch Water	52,60	0,0	0,8	0,0	0,0	0	53,40
5	33	Nancy Bliss (USA)*	Cobblestone	47,40	0,0	0,0	0,0	6,4	0	53,80
6	73	Richard Meade (GBR)*	Kilcashel	54,20	0,0	0,0	0,0	0,0	0	54,20
7	46	Rüdiger Schwarz (GER)*	Power Game	41,40	0,0	0,8	0,0	13,6	0	55,80
8	42	Diana Clapham (GBR)	Windjammer	53,60	0,0	0,0	0,0	6,0	0	59,60
8	44	Jan Lipczynski (POL)*	Elektron	59,60	0,0	0,0	0,0	0,0	0	59,60
10	36	Clarissa Strachan (GBR)	Merry Sovereign	51,40	0,0	0,0	0,0	8,4	0	59,80
11	18	Virginia Holgate (GBR)*	Priceless	51,60	0,0	0,0	0,0	8,8	0	60,40
12	32	Sven Ingvarsson (SWE)*	Doledo	59,20	0,0	0,0	0,0	1,6	0	60,80
13	20	Patrick Marquebielle (FRA)*	Flamenco III	53,00	0,0	0,0	0,0	8,4	0	61,40
14	11	Torrance Watkins Fleischmann (USA)*	Southern Comfort	47,40	0,0	12,0	0,0	2,8	0	62,20
15	43	Paul Loiseau (FRA)*	Elding Bleu	50,20	0,0	0,0	0,0	13,2	0	63,40
16	27	Andrew Hoy (AUS)*	Davey	57,60	0,0	0,0	0,0	6,0	0	63,60
17	59	Thierry Lacour (FRA)*	Hymen de la Cour	45,40	0,0	0,0	0,0	19,6	0	65,00
18	61	Simon de Jonge (HOL)*	Miracle	50,40	0,0	6,4	0,0	8,4	0	65,20
19	38	Dieter Hesselbach (GER)	Royal Blue	61,40	0,0	0,0	0,0	4,0	0	65,40
20	68	Boris Gortchakov (URS)*	Netchiotnyi	55,00	0,0	0,0	0,0	11,6	0	66,60
21	24	Herbert Blöcker (GER)*	Ladad	51,20	0,0	0,0	0,0	15,6	0	66,80
21	70	Bruce Davidson (USA)	J. J. Babu	45,20	0,0	0,0	0,0	21,6	0	66,80
23	10	Jessica Harrington (IRL)	Amoy	61,40	0,0	0,0	0,0	6,0	0	67,40
24	35	Nils Haagensen (DEN)	Fair Lady	48,00	0,0	0,0	0,0	20,8	0	68,80
25	1	Dietmar Hogrefe (GER)*	Foliant 6	64,40	0,0	2,4	0,0	4,0	0	70,80
26	28	Karl Siemens-Fischer (GER)	Kim	52,80	0,0	0,0	0,0	19,2	0	72,00
27	41	Rachel Bayliss (GBR)*	Mystic Minstrel	35,80	0,0	0,0	0,0	16,8	20	72,60
28	2	Karen Stives (USA)	The Saint	60,20	0,0	0,0	0,0	13,2	0	73,40
29	22	Gerard Sinnott (IRL)	The Prop	62,40	0,0	0,0	0,0	12,0	0	74,40
30	75	Jacek Bobik (POL)*	Koper	55,60	0,0	0,0	0,0	21,6	0	77,20
31	13	Bettina Overesch (GER)	Peace Time	57,80	0,0	0,0	0,0	20,4	0	78,20
32	6	Mervyn Bennet (AUS)*	Regal Reign	74,40	0,0	0,0	0,0	5,2	0	79,60
33	53	Christian Persson (SWE)*	Joel	55,40	0,0	0,0	0,0	4,8	20	80,20
34	54	J. Micheal Plumb (USA)*	Blue Stone	52,40	0,0	0,0	0,0	32,8	0	85,20
35	34	Sergei Rogozhin (URS)*	Referendum	53,80	0,0	0,0	0,0	32,0	0	85,80
36	29	Hansueli Schmutz (SUI)*	Oran	46,20	0,0	12,0	0,0	8,4	20	86,60
36	57	Kelly Plitz (CAN)*	Dialadream	63,80	0,0	0,0	0,0	22,8	0	86,60
38	49	Marina Sciocchetti (ITA)*	Master Hunt	57,60	0,0	0,0	0,0	30,4	0	88,00
39	77	Mary Hamilton (NZL)	Ben Arthur	50,40	0,0	0,0	0,0	18,8	20	89,20
40	40	Nick Holmes-Smith (CAN)*	Sinnerman	71,40	0,0	0,0	0,0	18,8	0	90,20
41	48	Miroslaw Ślusarczyk (POL)	Asesor	53,40	0,0	6,4	0,0	35,6	0	95,40
42	3	Pascal Morvillers (FRA)	Gulliver B	49,00	0,0	0,0	0,0	27,2	20	96,20
43	14	Alexandre Blinov (URS)*	Zheti	55,40	0,0	0,0	0,0	41,6	0	97,00
44	31	Neil Ishoy (CAN)	L'Esprit	66,80	0,0	2,4	0,0	36,0	0	105,20
45	60	Krzysztof Rafalak (POL)*	Dajak	45,00	0,0	0,8	0,0	24,0	40	109,80
46	51	David Green (AUS)*	Mairangi Bay	45,00	0,0	0,0	0,0	16,4	60	121,40
47	71	Robin Hahn (CAN)	Strathallan	75,20	0,0	0,0	0,0	46,4	0	121,60
48	76	Anchela Rohof (HOL)*	Resolution Bay	45,80	0,0	0,0	0,0	19,2	60	125,00
49	65	Jan Jönsson (SWE)*	Lyrik	50,00	0,0	0,0	0,0	17,2	60	127,20
50	72	Juliet Bishop (CAN)*	Jones	62,20	0,0	0,0	0,0	10,0	60	132,20
51	8	Jean Teulere (FRA)	En Douce II	60,40	0,0	0,0	0,0	9,2	80	149,60
52	26	Anna Casagrande (ITA)*	Daleye	64,40	0,0	0,0	0,0	43,6	60	168,00
53	23	Miroslaw Szlapka (POL)*	Len	53,00	0,0	12,8	0,0	27,2	80	173,00
54	15	Plamen Kirov (BUL)*	Mentor	69,80	0,0	7,2	0,0	98,4	0	175,40
55	5	Dino Constantini (ITA)*	Demon Prince	65,20	0,0	0,0	0,0	36,0	80	181,20
56	17	Robert Robertson (CAN)*	Jack The Lad	65,60	0,0	7,2	0,0	49,2	60	182,00
57	30	Friedrich Otto (GER)	Chicoa	55,40	0,0	0,8	0,0	67,6	60	183,80
58	37	Thomas Rüder (GER)	Maniok	47,40	0,0	2,4	0,0	54,8	80	184,60
59	12	Artur Bober (POL)	Czubczyk	75,40	0,0	0,0	0,0	40,8	80	196,20
60	21	Martin Plewa (GER)	Little Lion	40,00	0,0	2,4	0,0	84,0	80	206,40
61	25	Jose-Luis Luna (MEX)*	Quelite	76,80	0,0	4,8	0,0	100,4	40	222,00
62	55	Alexandre Zavistovski (URS)*	Diamed	57,00	0,0	0,8	0,0	50,4	120	228,20

Folgende Startnummern schieden aus bzw. traten nicht an. – Following participants were either eliminated or with drawn. 50, 19, 45, 63, 39, 69, 4, 47, 66, 74, 7, 56, 64, 52

Mannschaftsergebnisse nach Dressur und Gelände

Results of the equipes after dressage and cross country

Pl.	Land Country	Nr.	Punkte Points	Nr.	Punkte Points	Nr.	Punkte Points	Total Punkte/ Points
1	Großbritannien	58	47,80	73	54,20	18	60,40	162,40
2	USA	67	47,80	33	53,80	11	62,20	163,80
3	Deutschland	62	42,00	46	55,80	24	66,80	164,60
4	Frankreich	20	61,40	43	63,40	59	65,00	189,80
5	Polen	44	59,60	75	72,20	60	109,80	246,60
6	UdSSR	68	66,60	34	85,80	14	97,00	249,40
7	Australien	27	63,60	6	79,60	51	121,40	264,60
8	Schweden	32	60,80	53	80,20	65	127,20	268,20
9	Kanada	57	86,60	40	90,20	72	132,20	309,00
10	Italien	49	88,00	26	168,00	5	181,20	437,20

»Der Boss« Kurt-Günther Jagau

Großer Sport im kleinen Ort

Luhmühlens Weg zur Weltmeisterschaft der Vielseitigkeitsreiter

Die geschichtliche Entwicklung des Pferdezucht- und Reitvereins Luhmühlen ist eng mit der Hofbesitzerfamilie Jagau in Garlstorf verknüpft. Bereits in der dritten Generation wird der Luhmühlener Verein durch die Jagaus geführt. Am 20. September 1910 gründete Carl Heinrich Jagau mit Gleichgesinnten den »Pferdezuchtverein Lüneburger Geest«. Die Pferdezucht — bis dahin ein Primat der Landwirte in der Winsener Marsch — sollte jetzt auch auf der »Hohen Geest« Einzug halten. Sie begann zunächst mit einem angekauften Hengst. Drei Jahre später richtete das damals noch »Königliche Landgestüt Celle« in Luhmühlen bereits eine Hengststation ein. Nach dem ersten Weltkrieg kam zur Pferdezucht das Interesse insbesondere der jungen Landwirte am Reitsport hinzu. Carl Heinrich Jagau gab dem Drängen der jungen Generation nach.

Am 8. Februar 1920 wurde der »Reit-, Fahr- und Pflegeverein Lüneburger Geest« ins Leben gerufen, der neben dem »Pferdezuchtverein Lüneburger Geest« bestand. Am 12. Juni 1925 schließlich führte man beide Vereine unter der heutigen Bezeichnung »Pferdezucht- und Reitverein Luhmühlen« zusammen.

Inzwischen hatte Kurt Jagau von seinem Vater Carl Heinrich die Führung des Vereins übernommen.

1920 begannen für zahlreiche junge Vereinsmitglieder die ersten sportlichen Wettkämpfe. Auf »fremden« Plätzen konnten erste Erfolge verbucht werden. 1923 endlich begann man auch in Luhmühlen mit der Herrichtung eines eigenen Turnierplatzes. Ein Jahr zuvor hatte der Landwirt Peter Benecke dem jungen Reitverein das heute noch benutzte Gelände in der »Westergellerser Heide« kostenlos zur Verfügung gestellt. Das Turnier auf dem eigenen Turnierplatz wurde im Frühjahr 1923 durchgeführt.

Die ländlichen Reit- und Fahrturniere in Luhmühlen waren bald beliebt. Gerade auch die Flach- und Jagdrennen auf der nahezu bis heute unveränderten Rennbahn — vielfach als Europas beste bezeichnet — in der Westergellerser Heide fanden starkes Interesse bei Reitsportlern und Zuschauern.

In den Jahren 1923 bis 1930 wurden bei den Luhmühlener Turnieren jährlich bis zu 4000 Zuschauer gezählt. Das war für damalige Zeiten enorm. Immerhin hatte der Ort um das Jahr 1930 nur rund 100 Einwohner. 1931 wurde die erste Tribüne auf dem Platz erbaut. Sie steht noch heute. 400 Sitzplätze wurden damals geschaffen. Das Geld brachten die Mitglieder auf.

1950 konnte der Pferdezucht- und Reitverein Luhmühlen sein 25jähriges Bestehen mit einem großen Turnier feiern. Nahezu 6000 Zuschauer nahmen an dem Sportgeschehen teil. Selbstverständlich standen auch Vielseitigkeitsprüfungen auf dem Programm dieses Jubiläums. Ausgetragen wurden sogenannte Stubbendorff-Prüfungen, aus deren Bedingungen die heutigen Vielseitigkeits- oder Military-Prüfungen hervorgegangen sind.

Erste Überlegungen im Jahre 1956 führten in Luhmühlen dazu, nationale Stubbendorff-Prüfungen (Dressur, Geländeritt und Springen) durchzuführen. Kurt-Günter Jagau, heute Vorsitzender des Pferdezucht- und Reitvereins Luhmühlen, hatte hierzu die Idee, General a. D. Wilhelm Viebig, damals Geschäftsführer des Reiterverbandes Hanno-

K. G. Jagau, Karl Overbeck sen.

K. G. Jagau, R. v. Butler

ver-Bremen, Landwirtschaftsoberrat Wilfried Pabst (Hannover) und der Doppel-Silbermedaillengewinner von Stockholm, August Lütke-Westhues (Trux von Kamax), führten erste Gespräche mit den Vertretern des Luhmühlener Vereins.

Als Mann der ersten Stunde gehört dazu auch Karl Overbeck senior, der bis heute als Platzmeister aktiv an der Organisation von Vielseitigkeitsprüfungen beteiligt ist. Nicht vergessen werden dürfen in diesem Zusammenhang der Fachjournalist Mirko Altgayer (Lüneburg) und der Chefredakteur des Winsener Anzeiger, Alex Ravens. Beide waren beim Aufbau der nachfolgenden Vielseitigkeitsturniere entscheidend beteiligt.

Luhmühlens nationale Bedeutung für den Vielseitigkeitssport begann im Jahre 1958. Die erste Vormilitary wurde ausgetragen. Die deutschen Vielseitigkeitsreiter bereiteten sich von nun an fast regelmäßig in dem kleinen reitsportbesessenen Dörfchen an der Luhe auf Europa- und Weltmeisterschaften sowie die Olympischen Spiele vor.

Der Garlstorfer Wald und der Turnierplatz in der Westergellerser Heide wurden zu einem Begriff für Reiter und Zuschauer, nicht zuletzt auch deshalb, weil die schwere Geländestrecke durch ein landschaftlich reizvolles Heidegebiet führt. Luhmühlen und der Garlstorfer Wald wurden im Verlaufe der Jahre zu Wandergebieten — und das nicht nur während der Turniertage.

1962 fand in Luhmühlen die erste Deutsche Meisterschaft der Vielseitigkeitsreiter statt. Diesem Ereignis folgten in den Jahren darauf viele Veranstaltungen gleichen Ranges. Erst im vergangenen Jahr stand die Internationale Vielseitigkeitsprüfung (CCI) auch im Zeichen der Deutschen Meisterschaften für Senioren, Junioren sowie der Jungen Reiterinnen und Reiter.

Die erste große internationale Bewährungsprobe hatte das Team um Kurt-Günter Jagau 1975 zu bestehen. Die damalige Europameisterschaft der Vielseitigkeitsreiter setzte auch für den Veranstalter Luhmühlen neue Maßstäbe und verlangte von ihm ein Höchstmaß an Gestaltungs- und Organisationskraft.

Prinzessin Anne und viele prominente Gäste zogen die Massen auf den Turnierplatz und ins Gelände. Die Menschen waren begeistert. Und Luhmühlen wurde zum »Mekka des Vielseitigkeitssports« in Deutschland, auf das die Deutsche Reiterliche Vereinigung (FN) in Warendorf bei der Vergabe internationaler Aufgaben gern zurückgriff.

1979 schließlich wurde den Luhmühlenern die zweite Europameisterschaft der Vielseitigkeitsreiter übertragen. Vorher hatte Großbritannien als eine der erfolgreichsten Military-Nationen nahezu alle Europachampionate ausgerichtet und beispielhaft betreut.

Was wäre Luhmühlen jedoch ohne die vielen Hilfskräfte, die für eine Vielseitigkeitsprüfung nötig sind? Viele Monate vor den Turnieren sind sie im Gelände, um die Hindernisse aufzubauen, oder wirken auf dem Turnierplatz, um das Dressurviereck herzurichten und die Hindernisse für den Springparcours zu bauen und anzustreichen. Fast die gesamte Bürgerschaft hilft mit, denn Arbeit gibt es auch noch während der Turniertage mehr als genug. Und nach dem großen Sporttagen beginnt das Aufräumen . . .

Ehrenamtliche Kräfte sind es zumeist, mehrere Hundert, die ihren Jahresurlaub zur Arbeit in Luhmühlen opfern. Auch Polizei, Bundeswehr, Grenzschutz, Feuerwehr, das Deutsche Rote Kreuz und andere Hilfsorganisationen stehen während der Turniertage bereit, um unersetzbare Hilfsdienste zu leisten.

Vorsitzender Kurt-Günter Jagau kann sich auf seine Mannschaft in Luhmühlen verlassen. Sie ist ein eingespieltes Team, das kaum aus dem Konzept zu bringen ist. Trotz seiner internationalen Bedeutung als Austragungsort für Military-Prüfungen hat Luhmühlen das Fluidum ländlicher Turniere im Verlaufe der Jahre nicht verloren. Hier nimmt noch das ganze Land entscheidenden Anteil am Reitsport. Hier wird auch während der Turniere noch plattdeutsch gesprochen, denn aus dem gesamten Heidebezirk strömen die Menschen nach Luhmühlen. Vereinsvorsitzender Jagau trägt übrigens Entscheidendes dazu bei, damit die plattdeutsche Mundart auf den Luhmühlener Turnieren nicht verlorengeht.

Mit der Weltmeisterschaft 1982 meistert nun der Pferdezucht- und Reitverein Luhmühlen das bisher größte sportliche Ereignis seiner und seiner Gemeindegeschichte.

Luhmühlen and the Three-Day Event Championship

The historical development of the "Pferdezucht- und Reitverein Luhmühlen e. V." is firmly connected with the family Jagau, residents of a domain in Garlstorf. Already their third generation is presiding over the Luhmühlen riding club. Carl Heinrich Jagau and friends founded the "Pferdezuchtverein Lüneburger Geest". The horse breeding — up to that time a privilege of the farmers of the Winsener Marsch — could be introduced to the "Hohe Geest" area.

To begin with a stallion was bought. Three years later the "Königliche Landgestüt Celle" (Royal County Stud of Celle) established a stallion-depot in Luhmühlen. After World War I young farmers developed, besides horse breeding, an increasing interest for the equestrian sport. Carl Heinrich Jagau was the one who responded to the younger generation's request.

On 8th.February 1920 the "Reit-, Fahr- und Pflegeverein Lüneburger Geest" was founded, which existed side by side to the "Pferdezuchtverein Lüneburger Geest". On 12th. June 1925 both clubs merged under the present name "Pferdezucht- und Reitverein Luhmühlen".

In the meantime Kurt Jagau had taken over the leadership of his father Carl Heinrich.

In 1920 numerous young club members started on their first competitions. On other club's showgrounds they gained their first successes. Finally, in 1923, Luhmühlen began to build its own showgrounds. One year earlier the young farmer Peter Benecke gave permission to use his land in the "Westergellerser Heide", free of charge.The first competition at the club's own showground took place in spring 1923.

Soon the local riding and driving competitions became very popular. Flat races and steeple chases found great interest among riders and spectators. The racing grounds of the "Westergellerser Heide" have remained nearly unchanged up to this very day.

From 1923 to 1930 up to 4,000 spectators per year came to watch the Luhmühlen competitions, an enormous number, counting, that Luhmühlen only had 300 inhabitants in 1930.

In 1931 the grandstand with 400 seats was built, and it still is the same one today. The clubmembers themselves raised the money for it.

In 1950 the club celebrated its 25th anniversary and a big competition took place and drew up nearly 6000 spectators. The so-called "Stubbendorff-Prüfung" (one-day event) was basis to our today's three-day eventings.

In 1956 first reflections gave way to do national Stubbendorff-Prüfungen as well.

Kurt Günter Jagau, today's president of the Pferdezucht- und Reitverein Luhmühlen, had the idea. General a. D. Wilhelm Viebig, secretary of the Reiterverband Hannover-Bremen at that time, Landwirtschaftsoberrat Wilfried Pabst (Hannover) and the double silver medallist at Stockholm, August Lütke-Westhus (Trux von Kamax) had introductory talks with the representatives of the Luhmühlen club.

Karl Overbeck sen. was one of the very first, and is, until this very day, still organising three-day events in Luhmühlen as manager concerning all questions of the showgrounds.

We are not to forget the journalist Mirko Altgayer and the editor-in-chief of the Winsener Anzeiger, Alex Ravens. Both had decisively taken their part for the future three-day events.

The national importance for the three-day eventing sport began in 1958. It started with the "Vormilitary". The German riders now came regularly to the little village of Luhmühlen to prepare themselves and their horses for the European and World Championships, as well as for the Olympic Games.

The woods near Garlstorf and the showgrounds of the Westergellerser Heide became a term for riders and visitors, due also to the charming landscape of the heather area through which the cross country led. Luhmühlen and the woods around Garlstorf became known to hikers throughout the year.

1962 the first German Championship of three-day eventing took place. Others followed throughout the years. Only last year the International Three-Day Event also was a German Championship for senior, junior and young riders. Kurt Günter Jagau and his team stood the test for the European Championship in 1975, in a gigantic scale, when all their organisation talents and arrangement abilities were asked for.

H.R.H. Princess Anne and other well-known guests drew near masses of people, who were enthusiastic. And Luhmühlen became one of the best-known organisers of three-day events in Germany, well accepted by the FN in Warendorf.

In 1979, for the second time, the Luhmühlen people were entrusted with a European Championship. Before that time it was Great Britain that had successfully been a leading nation for nearly all the European Championships.

What would Luhmühlen be without all those helping hands, who are absolutely necessary for such a tournament? Months in advance they are on the cross country course to construct fences, to prepare the training areas, to build and to paint the obstacles.

Nearly all the inhabitants are engaged, for there is also much to be done during the competition, and afterwards everything has got to be cleared away. There are hundreds of volunteers who give up their holidays and help doing the work. Police, Bundeswehr (German Army Forces), Frontier Protective Forces, fire brigades, The German Red Cross and many other relief organisations assemble to do the valuable tasks.

President Kurt Günter Jagau can rely on his team of helpers. For they are even prepared for the unexpected. Despite of its international importance regarding three-day eventing, Luhmühlen has always kept its fascinating charm. Even during the competitions people talk their "plattdeutsch" (low German) because so many rural people come to visit Luhmühlen. K. G. Jagau himself is always trying to maintain the "plattdeutsche" language.

With the World Championships of 1982 the Pferdezucht- und Reitverein Luhmühlen and the village community of Luhmühlen experienced their most significant event.

Sonntag, 5. 9. 1982:
Sonntagmorgen
Sunday, 5th Sept. 1982:
Sundaymorning

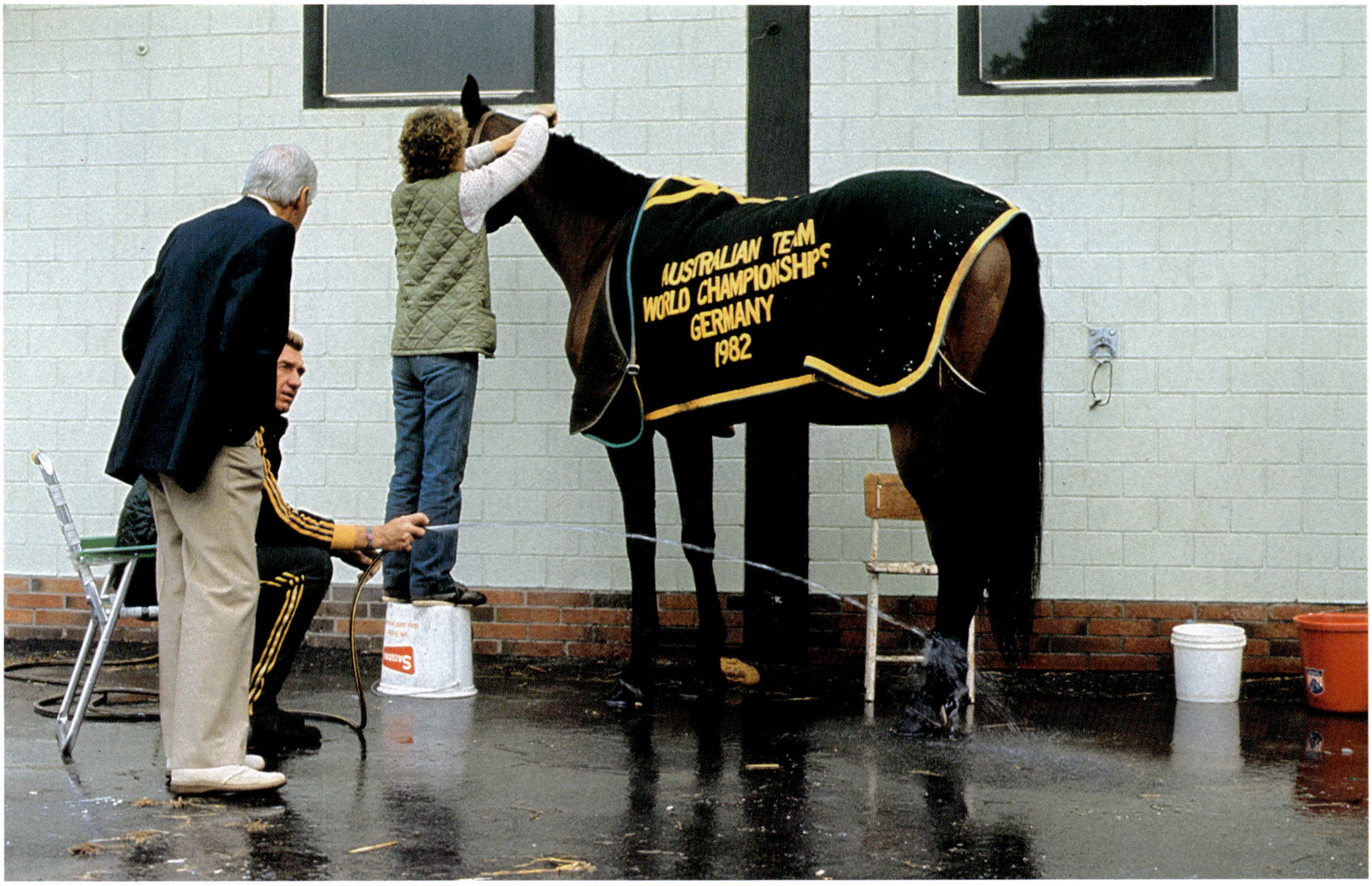
AUSTRALIAN TEAM
WORLD CHAMPIONSHIPS
GERMANY
1982

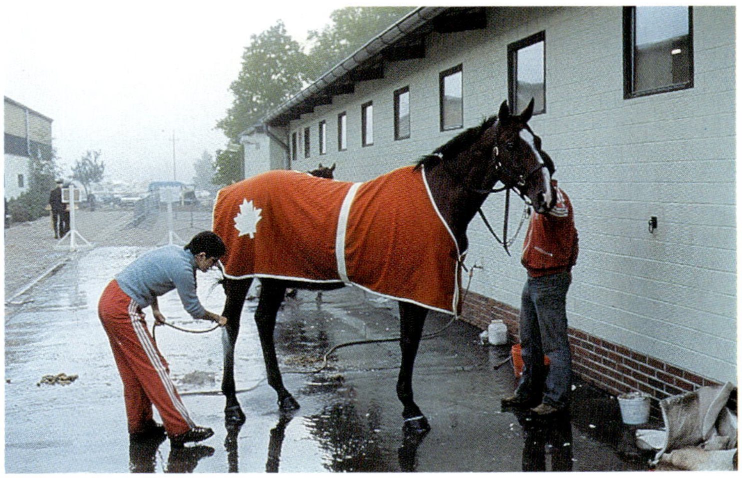

Sonntag, 5. 9. 1982: 3. Verfassungsprüfung
Sunday, 5th Sept. 1982: Third inspection

1

1 Dr. D. Specht (GER), Beauftragter der FN
Federation's Delegate
Andrzej Orloś (POL), Technischer Delegierter der FEI
Technical Delegate of the FEI

1

2

1 Lucinda Green (GBR) / Regal Realm
2 Nils Haagensen (DEN) / Fair Lady

Show office

Sonntag, 5. 9. 1982: Springen
Sunday, 5th Sept. 1982: Show Jumping

1 Thomas Rüder (GER) / Maniok
2 Dieter Hesselbach (GER) / Royal Blue

1

2

Vier Reiter starteten nicht

Vier der 62 für das Abschlußspringen bei den 5. Weltmeisterschaften der Vielseitigkeitsreiter qualifizierten Reiter starten am Sonntag in Luhmühlen nicht. Daleye von der Italienerin Anna Casagrande fiel bei der Verfassungsprüfung am Sonntagmorgen durch, Referendum von Sergei Rogozhin (UdSSR) und Chicoa von Friedrich Otto (Tetenhusen) wurden nicht mehr vorgestellt. Der Schweizer Hansueli Schmutz zog nach dem tragischen Unfall seines Landsmannes Ernst Baumann zurück. Die beiden anderen Schweizer Burger und Raeber waren bereits nicht mehr zum Geländeritt angetreten.

Im Geländeritt wurden von 75 Ritten immerhin 41 mit null Fehlern verzeichnet.

Four riders did not start

Four of the 62 qualified riders will not start in the final showjumping event at the 5th World Three-Day Event Championships on Sunday in Luhmühlen. Daleye of the Italian Anna Casagrande failed to pass the veterinary inspection on Sunday morning, Referendum of Sergei Rogozhin (URS) and Chicoa of Friedrich Otto (GER) were not brought to the final inspection. The Swiss Hansueli Schmutz withdrew after the tragic fall of his team-mate Ernst Baumann. The other two Swiss competitors Burger and Raeber had already withdrawn before the cross country competition.

41 of the 75 cross country competitors had no faults at all.

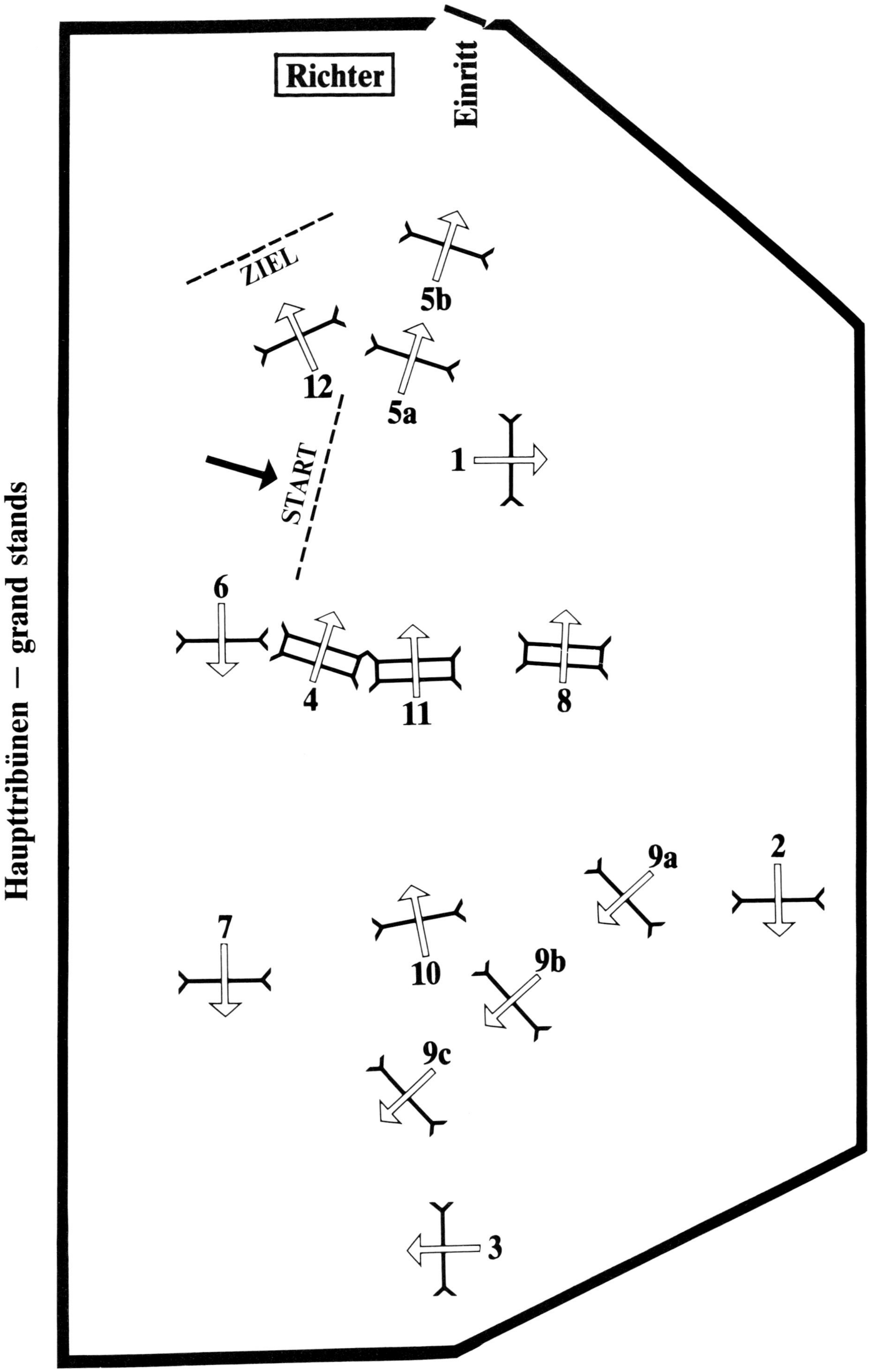

Springparcour
ca. 750 m
Tempo 400 m/min.

1 WM-Wall
2 Maueroxer
3 Mauer
4 Triplebare ü. Graben
5a Grabenrick
5b Grabenoxer
6 Wassertrog
7 Wasserradoxer
8 Walloxer
9a Wallrick
9b Triplebare
9c Oxer
10 Planken
11 Wassergraben
12 Brunnenoxer

1 Nancy Bliss (USA)/ Cobblestone
2 Michael Plumb (USA)/ Blue Stone
3 Herbert Blöcker (GER)/ Ladad

1

2

3

Rüdiger Schwarz (GER)
Power Game

Lucinda Green (GBR)/Regal Realm

Helmut Rethemeier (GER)/Santiago

1

2

3

4

1 Nils Haagensen (DEN) / Fair Lady
2 Martin Plewa (GER) / Little Lion
3 Virginia Holgate (GBR) / Priceless
4 Torrance Watkins Fleischmann (USA) / Southern Comfort

Endergebnisse Einzelwertung

Final results Single

Pl.	Nr.	Reiter(in)/Nation Rider/Nation	Pferd Horse	Dressur Dressage	Gelände Endur	Springen Jump	Total Punkte/ Points
1	58	Lucinda Prior-Palmer Green (GBR)*	Regal Realm	47,80	0,00	0,00	47,80
2	62	Helmut Rethemeier (GER)*	Santiago	41,20	0,80	10,00	52,00
3	67	Kim Walnes (USA)*	The Gray Goose	39,40	8,40	5,00	52,80
4	46	Rüdiger Schwarz (GER)*	Power Game	41,40	14,40	0,00	55,80
5	73	Richard Meade (GBR)*	Kilcashel	54,20	0,00	5,00	59,20
6	36	Clarissa Strachan (GBR)	Merry Sovereign	51,40	8,40	0,00	59,80
7	18	Virginia Holgate (GBR)*	Priceless	51,60	8,80	0,00	60,40
8	16	Peter F. Green (USA)	Branch Water	52,60	0,80	10,00	63,40
9	27	Andrew Hoy (AUS)*	Davey	57,60	6,00	0,00	63,60
10	42	Diana Clapham (GBR)	Windjammer	53,60	6,00	5,00	64,60
11	59	Thierry Lacour (FRA)*	Hymen de la Cour	45,40	19,60	0,00	65,00
12	20	Patrick Marquebielle (FRA)*	Flamenco III	53,00	8,40	5,00	66,40
13	24	Herbert Blöcker (GER)*	Ladad	51,20	15,60	0,00	66,80
13	70	Bruce Davidson (USA)	J. J. Babu	45,20	21,60	0,00	66,80
15	32	Sven Ingvarsson (SWE)*	Doledo	59,20	1,60	6,50	67,30
16	10	Jessica Harrington (IRL)	Amoy	61,40	6,00	0,00	67,40
17	33	Nancy Bliss (USA)*	Cobblestone	47,40	6,40	15,00	68,80
18	38	Dieter Hesselbach (GER)	Royal Blue	61,40	4,00	5,00	70,40
19	1	Dietmar Hogrefe (GER)*	Foliant 6	64,40	6,40	0,00	70,80
20	68	Boris Gortchakov (URS)*	Netchiotnyi	55,00	11,60	5,00	71,60
21	11	Torrance Watkins Fleischmann (USA)*	Southern Comfort	47,40	14,80	10,00	72,20
22	41	Rachel Bayliss (GBR)*	Mystic Minstrel	35,80	36,80	0,00	72,60
23	35	Nils Haagensen (DEN)	Fair Lady	48,00	20,80	5,75	74,55
24	13	Bettina Overesch (GER)	Peace Time	57,80	20,40	0,00	78,20
25	2	Karen Stives (USA)	The Saint	60,20	13,20	5,00	78,40
25	43	Paul Loiseau (FRA)*	Elding Bleu	50,20	13,20	15,00	78,40
27	44	Jan Lipczynski (POL)*	Elektron	59,60	0,00	20,00	79,60
28	61	Simon de Jonge (HOL)*	Miracle	50,40	14,80	15,00	80,20
29	75	Jacek Bobik (POL)*	Koper	55,60	21,60	5,00	82,20
30	22	Gerard Sinnott (IRL)	The Prop	62,40	12,00	10,00	84,40
31	54	J. Micheal Plumb (USA)*	Blue Stone	52,40	32,80	0,00	85,20
32	53	Christian Persson (SWE)*	Joel	55,40	24,80	6,50	86,70
33	6	Mervyn Bennet (AUS)*	Regal Reign	74,40	5,20	8,00	87,60
34	28	Karl, Siemens-Fischer (GER)	Kim	52,80	19,20	20,00	92,00
35	57	Kelly Plitz (CAN)*	Dialadream	63,80	22,80	10,00	96,60
36	40	Nick Holmes-Smith (CAN)*	Sinnerman	71,40	18,80	10,00	100,20
37	14	Alexandre Blinov (URS)*	Zheti	55,40	41,60	5,00	102,00
38	49	Marina Sciocchetti (ITA)*	Master Hunt	57,60	30,40	15,00	103,00
39	77	Mary Hamilton (NZL)	Ben Arthur	50,40	38,80	15,25	104,45
40	3	Pascal Morvillers (FRA)	Gulliver B	49,00	47,20	10,00	106,20
41	60	Krzysztof Rafalak (POL)*	Dajak	45,00	64,80	0,00	109,80
42	31	Neil Ishoy (CAN)	L'Esprit	66,80	38,40	25,00	130,20
43	51	David Green (AUS)*	Mairangi Bay	45,00	76,40	10,00	131,40
44	71	Robin Hahn (CAN)	Strathallan	75,20	46,40	11,25	132,85
45	76	Anchela Rohof (HOL)*	Resolution Bay	45,80	79,20	17,25	142,25
46	65	Jan Jönsson (SWE)*	Lyrik	50,00	77,20	16,75	143,95
47	72	Juliet Bishop (CAN)*	Jones	62,20	70,00	15,00	147,20
48	8	Jean Teulere (FRA)	En Douce II	60,40	89,20	5,00	154,60
49	23	Miroslaw Szlapka (POL)*	Len	53,00	120,00	0,00	173,00
50	37	Thomas Rüder (GER)	Maniok	47,40	137,20	0,00	184,60
51	15	Plamen Kirov (BUL)*	Mentor II	69,80	105,60	10,25	185,65
52	5	Dino Constantini (ITA)*	Demon Prince	65,20	116,00	6,00	187,20
53	12	Artur Bober (POL)	Czubczyk	75,40	120,80	0,00	196,20
54	17	Robert Robertson (CAN)*	Jack The Lad	65,60	116,40	15,00	197,00
55	21	Martin Plewa (GER)	Little Lion	40,00	166,40	0,00	206,40
56	25	Jose-Luis Luna (MEX)*	Quelite	76,80	145,20	6,50	228,50
57	55	Alexandre Zavistovski (URS)*	Diamed	57,00	171,20	10,75	238,95
	34	Sergei Rogozhin (URS)*	Referendum	53,80	32,00	WITHDR	
	29	Hansueli Schmutz (SUI)*	Oran	46,20	40,40	WITHDR	
	26	Anna Casagrande (ITA)*	Daleye	64,40	103,60	WITHDR	
	30	Friedrich Otto (GER)	Chicoa	55,40	128,40	WITHDR	
	50	Bernd Neumann (GER)	Banana	47,80	WITHDR		
	64	Sepp Burger (SUI)*	Mr. Ickford	65,80	WITHDR		
	19	David Barcena (MEX)	Centauro	82,40	WITHDR		
	45	Wout-Jan v. d. Schans (HOL)*	Harrock Hill	64,00	WITHDR		
	63	Jose Luis Perez (MEX)*	Ayatollah	59,40	WITHDR		
	52	Sepp Räber (SUI)*	Benno II	60,60	WITHDR		
	39	Djenko Sabev (BUL)*	Afekt	59,20	WITHDR		
	48	Miroslaw Ślusarczyk (POL)	Asesor	53,40	42,00	ELIM	
	69	Tzvetan Dontchev (BUL)*	Medison	53,80	ELIM		
	4	Salvador Suarez (MEX)*	Bombona	67,20	ELIM		
	47	Roberto Redon (MEX)*	Cristero	57,20	ELIM		
	66	Yury Salnikov (URS)	Akoprin	77,60	ELIM		
	74	Joel Pons (FRA)*	Ensorceleuse	50,40	ELIM		
	7	Ross Renwick (NZL)	The Politician	55,60	ELIM		
	56	Dimo Kristov (BUL)*	Maket	57,20	ELIM		

Endergebnisse Mannschaftswertung

Final results of the equipes

Pl.	Land Country	Nr.	Punkte Points	Nr.	Punkte Points	Nr.	Punkte Points	Total Pkt. Points
1	Großbritannien	58	47,80	73	59,20	18	60,40	167,40
2	Deutschland	62	52,00	46	55,80	24	66,80	174,60
3	USA	67	52,80	33	68,80	11	72,20	193,80
4	Frankreich	59	65,00	20	66,40	43	78,40	209,80
5	Polen	44	79,60	75	82,20	60	109,80	271,60
6	Australien	27	63,60	6	87,60	51	131,40	282,60
7	Schweden	32	67,30	53	86,70	65	143,95	297,95
8	Kanada	57	96,60	40	100,20	72	147,20	344,00
9	UdSSR	68	71,60	14	102,00	55	238,95	412,55

Lucinda Green (GBR)/Regal Realm

Einzel Gold — Individual Gold
Lucinda Green (GBR)/Regal Realm

Einzel Silber — Individual Silver
Helmut Rethemeier (GER)/Santiago

1

2

1 Helmut Rethemeier (GER)
Lucinda Green (GBR)
Kim Walnes (USA)

2 Mannschafts Gold - Team Gold (GBR)

HAIDMÄ
BOSS BOSS

Helmut Rethemeier Rüdiger Schwarz Herbert Blöcker Dietmar Hogrefe Richard Meade Virginia Holgate

ayliss | Lucinda Prior-Palmer Green | J. Michael Plumb | Kim Walnes | Nancy Bliss | Torrance Watkins Fleischmann

Die Weltmeisterschaften in der Statistik
Statistics of World Championships

1966 in Burghley (fünf Nationen — five nations)
Einzel/individuals:
Gold: Carlos Moratorio (ARG) Chalan
Silber: Richard Meade (GBR) Barberry
Bronze: Virginia Freeman-Jackson (IRL) Sam Weller
Mannschaft/teams:
Gold: IRL
Silber: ARG
Bronze: —

1970 Punchestown/Irland (acht Nationen — eight nations)
Einzel/individuals:
Gold: Mary Gordon-Watson (GBR) Cornisham
Silber: Richard Meade (GBR) The Poacher
Bronze: Jimmy Wofford (USA) Kilkenny
Mannschaft/teams:
Gold: GBR
Silber: FRA
Bronze: —

1974 Burghley (zwölf Nationen — twelve nations)
Einzel/individuals:
Gold: Bruce Davidson (USA) Irisch Cap
Silber: Mike Plumb (USA) Good Mixture
Bronze: Hugh Thomas (GBR) Playamar
Mannschaft/teams:
Gold: USA
Silber: GBR
Bronze: GER

1978 Lexington/USA (zwölf Nationen — twelve nations)
Einzel/individuals:
Gold: Bruce Davidson (USA) Might Tango
Silber: John Watson (IRL) Cambridge Blue
Bronze: Helmut Rethemeier (Vlotho) Ladalco
Mannschaft/teams:
Gold: CAN
Silber: GER
Bronze: USA

1982 in Luhmühlen (siebzehn Nationen — seventeen nations)
Einzel/individuals:
Gold: Lucinda Green (GBR) Regal Realm
Silber: Helmut Rethemeier (Vlotho) Santiago
Bronze: Kim Walnes (USA) The Gray Goose
Mannschaft/teams:
Gold: GBR
Silber: GER
Bronze: USA

Die Medaillengewinner der letzten sechs Europameisterschaften
The medallist winners of the last six European Championships

(Europameisterschaften werden seit 1953 ausgetragen)
(European Championships are taking place since 1953)

1971 Burghley
Einzel/individuals:
Gold: HRH Prinzessin Anne (GBR) Doublet
Silber: Debbie West (GBR) Baccarat
Bronze: Stewart Stevens (GBR) Classic Chips
Mannschaft/teams:
Gold: GBR
Silber: URS
Bronze: IRL

1973 Kiew
Einzel/individuals:
Gold: Alexander Ewdokimow (URS) Jeger
Silber: Herbert Blöcker (Elmshorn) Albrant
Bronze: Horst Karsten (Delmenhorst) Sioux
Mannschaft/teams:
Gold: GER
Silber: URS
Bronze: GBR

1975 Luhmühlen
Einzel/individuals:
Gold: Lucinda Prior-Palmer (GBR) Be Fair
Silber: HRH Prinzessin Anne (GBR) Goodwill
Bronze: Peter Gornuschko (URS) Gusar
Mannschaft/teams:
Gold: URS
Silber: GBR
Bronze: GER

1977 Burghley
Einzel/individuals:
Gold: Lucinda Prior-Palmer (GBR) George
Silber: Karl Schultz (Schwartau) Madrigal
Bronze: Horst Karsten (Delmenhorst) Sioux
Mannschaft/teams:
Gold: GBR
Silber: GER
Bronze: IRL

1979 Luhmühlen
Einzel/individuals:
Gold: Nils Haagensen (DEN) Monaco
Silber: Rachel Bayliss (GBR) Gurgle the Greek
Bronze: Rüdiger Schwarz (Sassenberg) Power Game
Mannschaft/teams:
Gold: IRL
Silber: GBR
Bronze: FRA

1981 Horsens
Einzel/individuals:
Gold: Hansueli Schmutz (SUI) Oran
Silber: Helmut Rethemeier (Vlotho) Santiago
Bronze: B. MC. Sween (IRL) In. Meain
Mannschaft/teams:
Gold: GBR
Silber: SUI
Bronze: POL

Die Medaillengewinner der letzten vier Olypischen Spiele
The medallist winners of the last four Olympic Games

(Vielseitigkeitsreiten ist seit 1912 olympische Disziplin)
(Three-Day-Eventing is part of the Olympic Games since 1912)

1968 Mexiko City
Einzel/individuals:
Gold: Jaques Guyon (FRA) Pitou
Silber: D. Allhusen (GBR) Lochinver
Bronze: Michael Page (USA) Foster
Mannschaft/teams:
Gold: GBR
Silber: USA
Bronze: AUS

1972 München
Einzel/individuals:
Gold: Richard Meade (GBR) Laurieston
Silber: Alessandro Argentan (ITA) Woodland
Bronze: Jan Jonsson (SWE) Sarajevo
Mannschaft/teams:
Gold: GBR
Silber: USA
Bronze: GER

1976 Montreal
Einzel/individuals:
Gold: Edmund Coffin (USA) Bally-Cor
Silber: Micheal Plumb (USA) Better & Better
Bronze: Karl Schultz (Schwartau) Madrigal
Mannschaft/teams:
Gold: USA
Silber: GER
Bronze: AUS

1980 Moskau
Einzel/individuals:
Gold: Euro F. Roman (ITA) Rossinan
Silber: Alexander Blinow (URS) Galzun
Bronze: Yuri Salnikow (URS) Pintset
Mannschaft/teams:
Gold: URS
Silber: ITA
Bronze: MEX

Internationales Festival 1980 in Fontainebleau
Einzel/individuals:
1. Nils Haagensen (DEN) Monaco
2. James Wofford (USA) Carawich
3. Torrance Watkins (USA) Poltroon
Mannschaft/teams:
1. FRA
2. GER
3. AUS

Ergebnisse Military-Weltmeisterschaften 1966 - 1970 - 1974 - 1978 - 1982
Results of the World Three-Day Event Championships

Burghley 1966

1. Carlos Moratorio/Chalan (ARG)*
2. Richard Meade/Barberry (GBR)*
3. Virginia Freeman-Jackson/Sam Weller (IRL)*
4. Eddie A. Boylan/Durlas Eile (IRL)*
5. Martin Whiteley/The Poacher (GBR))
6. Pavel Deev/Paket (URS)*
7. Christine Sheppard/Fenjirao (GBR)*
8. Penelope Moreton/Loughlin (IRL)*
9. Kevin Freeman/M'Lord Connolly (USA)*
10. Tom Durston-Smith/Dreamy Dasher (GBR)
11. E. C. Atkinson/Priam (GBR)
12. Alison Oliver/Foxdor (GBR)
13. German Gaziumov/Gret (URS)*
14. Tommy Brennan/Kilkenny (IRL)*
15. A. D. B. Brook/Rondman (GBR)
16. Roberto Pistarini/Desidia (ARG)*
17. Valerie Suvorov/Khirurg (URS)
18. Mrs. J. M. Cavenagh/Landsman (GBR)
19. Mrs. S. Johnson/Richelieu (IRL)
20. Mrs. T. W. Kopanski/Plain Sailing (GBR)
21. Ludorico Fusco/Gatopardo (ARG)*

Beteiligung: 37 Reiter mit 39 Pferden aus 5 Nationen.
Participation: 37 riders and 39 horses from 5 nations.

Mannschaftswertung:	1. IRL
Team placings	2. ARG
	GBR, URS und USA schieden aus – were eliminated

* = Mannschaftsreiter
* = team rider

Punchestown 1970

1. Mary Gordon-Watson/Cornishman V (GBR)*
2. Richard Meade/The Poacher (GBR)*
3. James Wofford/Kilkenny (USA)
4. Ronnie McMahon/San Carlos (IRL)*
5. Yuri Solos/Rok (URS)*
6. Brian Mullins/Killeen Bridge (IRL)
7. Mrs. Wilson/Broken Promise (IRL)
8. Michel Cochenet/Quaker (FRA)*
9. M. de Cornille/Quolibet (FRA)
10. William Mullins/Kilcash (IRL)
11. Mark Phillips/Chicago (GBR)*
12. Lorna Sutherland/Popadom (GBR)
13. C. A. Guglielmi/Jefazo (ARG)*
14. Dominique Bentejac/Trou Normand (FRA)*
15. Tom Dustin-Smith/Henry the Navig. (GBR)
16. W. Buller/Rob Roy (IRL)*
17. John Fowler/Castle Rickard (IRL)
18. Rudolph Letsch/Bahia Star (SUI)
19. Dominique Flament/Qui dit mieux (FRA)*
20. Harry Klugmann/Christopher Robert (GER)*
21. Eddie A. Boylan/Paradise Walk (IRL)

Beteiligung: 40 Reiter aus 8 Nationen.
Participation: 40 riders from 8 nations.

Mannschaftswertung:	1. GBR
Team placings	2. FRA
	ARG, GER, IRL und URS schieden aus – were eliminated

* = Mannschaftsreiter
* = team rider

Burghley 1974

1. Bruce Davidson/Irish Cap (USA)*
2. J. Michael Plumb/Good Mixture (USA)*
3. Hugh Thomas/Playamar (GBR)
4. Janet Hodgson/Larkspur (GBR)
5. Ronald McMahon/Bothar Bul (IRL)*
6. Elizabeth Perkins/Furtive (USA)
7. Richard Meade/Wayfarer (GBR)*
8. Julia Graham/Sumatra (CAN)
9. Bridget Parker/Cornish Gold (BGR)*
10. Lucinda Prior-Palmer/Be Fair (GBR)
11. T. R. Sturgis/Demi Douzaine (GBR)
12. H. R. H. Princess Anne/Goodwill (GBR)
13. Thierry Touzaint/Ut Majeur (FRA)
14. Edward Emerson/Victor Dakin (USA)*
15. Jacek Wierzchowiecki/Gniew (POL)*
16. Dr. A. Schwarzenbach/Big Boy (SUI)
17. Martin Plewa/Virginia (GER)*
18. Herbert Blöcker/Albrant (GER)*
19. Harry Klugmann/Veberod (GER)
20. Horst Karsten/Sioux (GER)*
21. Donald Sachey/Plain Sailing (USA)*
22. Barbara Hammond/Eagle Rock (GBR)
23. Viktor Kalinin/Araks (URS)*
24. Chris Collins/Smokey (GBR)*
25. Vladimir Laniugin/Tost (URS)*
26. Genandi Khajainen/Gudok (URS)
27. Dino Constantini/Kilbracken (ITA)
28. Frank Offeney/Upper Strata (GER)
29. Krysztof Aftyka/Kult (POL)*
30. Maarten Jurgens/Bold Tudor (HOL)
31. Francois Franzoni/Vandale 8 (FRA)
32. Edwin Bryson/Thunder (IRL)*
33. Giovanni Bossi/Boston (ITA)
34. Iskander Yuldashey/Max (URS)*
35. Moya Bolger/Paradist (IRL)*
36. Dominic Bentejac/Aragon (FRA)
37. Jozef Kutysz/Czad (POL)
38. Paul Hürlimann/Retur (SUI)
39. Andrzej Kubiak/Sppran (POL)*

Beteiligung: 58 Reiter aus 12 Nationen.
Participation: 58 riders from 12 nations.

Mannschaftswertung:	1. USA
Team placings	2. GBR
	3. GER
	4. IRL
	5. URS
	6. POL
	AUS, FRA, ITA und SUI schieden aus – were eliminated

* = Mannschaftsreiter
* = team rider

Lexington 1978

1. Bruce Davidson/Might Tango (USA)*
2. John Watson/Cambridge Blue (IRL)
3. Helmut Rethemeier/Ladalco (GER)*
4. Ralph Hill/Sergeant Gilbert (USA)
5. Richard Meade/Bleak Hills (GBR)*
6. Carol Harrison/Topic (NZL)*
7. Jane Starkey/Topper Too (GBR)
8. Mark Ishoy/Law and Order (CAN)*
9. Juliet Bishop/Sumatra (CAN)*
10. James Wofford/Carawich (USA)*
11. Elizabeth Ashton/Sunrise (CAN)*
12. Mary Anne Tauskey/Marcus Aurelius (USA)
13. Mike Huber/Gold Chip (USA)
14. Otto Ammermann/Volturno (GER)*
15. Torrance Watkins/Red's Door (USA)
16. Harry Klugmann/Veberod (GER)*
17. F. M. Zuviria/Ucase (ARG)*
18. Peter Byrne/Peerless Don (AUS)
19. Elizabeth Boone/Felday Farmer (GBR)
20. Mary Hazzard/Cavalistic (USA)
21. Joanne Bridgeman/Bandoliere (NZL)*
22. Tad Coffin/Bally Cor (USA)*
23. Cathy Wedge/Abracadabra (CAN)*
24. Pedro Mercado/Cafayate (ARG)*

Beteiligung: 47 Reiter aus 12 Nationen.
Participation: 47 riders from 12 nations.

Mannschaftswertung:	1. CAN
Team placings	2. GER
	3. USA
	ARG, GBR, HOL und NZL schieden aus – were eliminated

* = Mannschaftsreiter
* = team rider

Luhmühlen 1982

1. Lucinda Green/Regal Realm (GBR)*
2. Helmut Rethemeier/Santiago (GER)*
3. Kim Walnes/The Gray Goose (USA)*
4. Rüdiger Schwarz/Power Game (GER)*
5. Richard Meade/Kilcashel (GBR)*
6. Clarissa Strachan/Merry Sovereign (GBR)
7. Virginia Holgate/Priceless (GBR)*
8. Peter F. Green/Branch Water (USA)
9. Andrew Hoy/Davey (AUS)*
10. Diana Clapham/Windjammer (GBR)
11. Thierry Lacour/Hymen de la Cour (FRA)*
12. Patrick Marquebielle/Flamenco III (FRA)*
13. Herbert Blöcker/Ladad (GER)*
13. Bruce Davidson/J. J. Babu (USA)
15. Sven Ingvarsson/Doledo (SWE)*
16. Jessica Harrington/Amoy (IRL)
17. Nancy Bliss/Cobblestone (USA)*
18. Dieter Hesselbach/Royal Blue (GER)
19. Dietmar Hogrefe/Foliant 6 (GER)*
20. Boris Gortchakov/Netchiotnyi (URS)*
21. Torrance Watkins Fleischmann/ Southern Comfort (USA)*
22. Rachel Bayliss/Mystic Minstrel (GBR)*
23. Nils Haagensen/Fair Lady (DEN)
24. Bettina Overesch/Peace Time (GER)
25. Karen Stives/The Saint (USA)
25. Paul Loiseau/Elding Bleu (FRA)*
27. Jan Lipczynski/Elektron (POL)*
28. Simon de Jonge/Miracle (HOL)*
29. Jacek Bobik/Koper (POL)*
30. Gerard Sinnott/The Prop (IRL)
31. J. Micheal Plumb/Blue Stone (USA)*
32. Christian Persson/Joel (SWE)*
33. Mervyn Bennet/Regal Reign (AUS)*
34. Karl Siemens-Fischer/Kim (GER)
35. Kelly Plitz/Dialadream (CAN)*
36. Nick Holmes-Smith/Sinnerman (CAN)*
37. Alexandre Blinov/Zheti (URS)*
38. Marina Sciocchetti/Master Hunt (ITA)*
39. Mary Hamilton/Ben Arthur (NZL)
40. Pascal Morvillers/Gulliver B (FRA)
41. Krzysztof Rafalak/Dajak (POL)*
42. Neil Ishoy/L'Esprit (CAN)
43. David Green/Mairangi Bay (AUS)*
44. Robin Hahn/Strathallan (CAN)
45. Anchela Rohof/Resolution Bay (HOL)*
46. Jan Jönsson/Lyrik (SWE)*
47. Juliet Bishop/Jones (CAN)*
48. Jean Teulere/En Douce II (FRA)
49. Miroslaw Szlapka/Len (POL)*
50. Thomas Rüder/Maniok (GER)
51. Plamen Kirov/Mentor II (BUL)*
52. Dino Constantini/Demon Prince (ITA)*
53. Artur Bober/Czubczyk (POL)
54. Robert Robertson/Jack The Lad (CAN)*
55. Martin Plewa/Little Lion (GER)
56. Jose-Luis Luna/Quelite (MEX)*
57. Alexandre Zavistovski/Diamed (URS)*

Beteiligung: 76 Reiter aus 17 Nationen.
Parcipitation: 76 riders from 17 nations.

Mannschaftswertung:	1. GBR
Team placings	2. GER
	3. USA
	4. FRA
	5. POL
	6. AUS
	7. SWE
	8. CAN
	9. URS
	BUL, HOL, ITA und MEX schieden aus – were eliminated

SUI zurückgetreten – withdrawn

* = Mannschaftsreiter
* = team rider

Just-Andreas Rogge, 42, verheiratet, Verlagskaufmann, Hobby Luhmühlen. Seit 1976 Luhmühlener Pressechef. Verantwortlich für die gesamte Werbung, Presse- und Öffentlichkeitsarbeit, sowie Sponsorengewinnung. Mentor des Vielseitigkeitssports — Autor dieses Buches.

Edmund Minhoff (ED), 33, verheiratet, fotografierte die Bilder für das Buch WM Luhmühlen '82.